J497 - 10

FACULTÉ DE DROIT DE PARIS.

THÈSE

POUR LE DOCTORAT

PAR

Pierre-René-Horace MARION,

Né à Trévoux (Ain),

AVOCAT A LA COUR IMPÉRIALE.

VERSAILLES

BEAU JEUNE, IMPRIMEUR-LIBRAIRE,

RUE DE L'ORANGERIE, 36

1865

ÉTUDE

SUR LES

DROITS SUCCESSORAUX DES ENFANTS NATURELS

SOUS LES DIVERSES LÉGISLATIONS QUI SE SONT SUCCÉDÉES EN FRANCE,

précédée d'un aperçu sur leur condition et leurs droits

SOUS LA LÉGISLATION ROMAINE.

MEIS ET AMICIS.

ERRATA.

—

Pages 2, lig. 7, à la fin, au lieu de *elle*, lisez *il*.
— 12, — 22, —   —   *du*, lisez *des*.
— 16, — 18, —   —   *Loi 2, de Divortiis, au Digeste, in fine,*
                lisez *Loi 11, § 1, de Divortiis, au Digeste.*
— 17, — 9, au lieu de *matrem filiam*, lisez *matremfamilias*.
— 18,   à la note, au lieu de *furore*, lisez *furere*.
— 21, — 17, à la fin, au lieu de *au*, lisez *aux*.
— 24,   note 2, au lieu de *dolore*, lisez *dolove*.
— 39,   note 1, au lieu de § 7, lisez § 1.
— 60, — 21, au lieu de *nostris*, lisez *nostri*.
— 64, — 2, au lieu de *ficium*, lisez *fiscum*.
— 67, — 11, au lieu de *religatione*, lisez *relegatione*.
— 76,   note, ligne 3, au lieu de *ingenius*, lisez *ingenuis*.
— 97, — 2, au lieu de *ses*, lisez *les*.
— 158,   à la note, au lieu de 759, lisez 757.
— 177,   —   ligne 3, au lieu de *le fictif*, lisez *le partage fictif*.
— 178,   —   au lieu de 1,333 fr. 33 c., lisez 11,333 fr. 33 c.
— 178,   —   —   6,666 fr. 65 c., lisez 56,666 fr. 65 c.
— 182,   —   ligne 8, au lieu de *la*, lire *le*.
— 215, — 20, au lieu de *contre*, lisez *entre*.

THÈSE

POUR LE DOCTORAT

SOUTENUE

Le mardi 14 mars 1865, à deux heures,

En présence de M. l'Inspecteur général CH. GIRAUD,

PAR

PIERRE-RENÉ-HORACE MARION,

Né à Trévoux (Ain),

AVOCAT A LA COUR IMPÉRIALE.

Président : M. DUVERGER, Professeur.

SUFFRAGANTS :
MM. COLMET DAAGE,
DURANTON,
DEMANTE,
LABBÉ,

Professeurs.

Agrégé.

VERSAILLES

BEAU Jne, IMPRIMEUR-ÉDITEUR

RUE DE L'ORANGERIE, 36.

—

1865

PRÉFACE.

L'ordre que je vais suivre dans le cours de cette étude est conforme à l'histoire du droit et en découle naturellement. J'étudierai donc, en premier lieu, la condition que la loi romaine avait faite aux enfants naturels, et les droits remarquables qui en étaient la conséquence; puis, prenant ma question à l'époque franque, je la conduirai à travers la féodalité et le moyen âge, jusqu'aux temps modernes et à la législation contemporaine.

Il est bon, en effet, avant de nous engager dans la recherche d'un problème à la solution duquel l'idée chrétienne est venue apporter des éléments si nouveaux, d'examiner quelle était la condition des enfants naturels et leurs droits sur les biens de leurs père et mère sous la législation romaine.

Je vois d'abord cette législation, simple comme les mœurs des premiers Romains, créer l'institution fondamentale du mariage qui se maintient pure et respectée, tant que la république lutte contre les peuples sauvages et guerriers qui l'entourent, pour assurer son indépendance et sa suprématie. Mais, lorsque la conquête de la Grèce et de l'Asie verse dans son sein des richesses immenses, lorsque ces rudes enfants se trouvent en face d'une civilisa-

1

tion vieillie et raffinée déjà, mais nouvelle pour eux, on voit le législateur, qui n'est point secondé par un frein moral et religieux suffisant, se débattre en vain contre le débordement général, tout en s'efforçant de renfermer dans de justes limites le torrent qui l'entraîne. A côté du mariage, il crée le concubinat, pour légaliser une situation qu'autorise le relâchement des mœurs, et qu'elle ne peut plus supprimer. Il assure à la nombreuse classe d'enfants naturels qui en provient, une position et des droits réguliers, mais inférieurs à ceux de la famille légitime, et cette organisation fonctionne sans conteste jusqu'à l'avénement des empereurs chrétiens.

A partir de cette époque, nous voyons percer dans la législation l'influence de la morale plus pure et plus austère de la religion du Christ. Nous assistons à la lutte de l'idée païenne encore puissante et reposant sur les habitudes et les coutumes des ancêtres, et de l'idée chrétienne ayant pour elle l'enthousiasme et la foi qui s'attachent à toutes les choses nouvelles, et se basant sur une théorie complète de récompenses et de châtiments dans une vie future. Cette lutte durera jusqu'à la dissolution de l'empire romain, et, s'il m'est permis de m'élever du point de vue particulier où je me suis placé à un point de vue plus général, je pourrais dire qu'elle sera une des causes les plus actives de cette dissolution, car le triomphe de la seconde est la négation même de la première, et il ne peut être complet tant que subsisteront les débris de l'organisation dont le paganisme est la base. Il faudra pour l'assurer des peuples jeunes et neufs, n'ayant aucune théorie sociale formulée, à peine une théorie religieuse et dont l'esprit simple se laisse facilement pénétrer par les dogmes et les idées de l'Église. Chez nous, c'est à l'époque franque que cette transformation s'opère. Mais le triomphe de l'Eglise est trop complet. Elle confond, dans ses sévères anathèmes, l'innocent et le coupable, en frappant d'un ostracisme complet et brutal les fruits des liaisons passagères et hors mariage qu'elle poursuit. La justice et la morale demandent une réaction, et nous la voyons s'opérer à l'époque où, sortant à peine du chaos féodal, la France voit se populariser dans son sein l'étude de la législation romaine qui mérite si bien le nom de raison écrite que lui décernèrent les légistes enthousiasmés.

Nous assistons alors à un spectacle curieux, à la lutte inverse de celle que je signalais tout à l'heure. C'est maintenant l'idée païenne qui combat l'idée chrétienne; mais ce n'est plus une lutte de vie et de mort entre deux sociétés qui ne peuvent coexister. Non, elle est toute pacifique; elle se fait entre gens partageant les mêmes théories, les mêmes principes et voulant tous le triomphe de l'idée nouvelle, mais le voulant fondé sur la tolérance, la raison et l'humanité. C'est ainsi qu'à travers les divers âges de notre histoire, nous voyons notre législation se perfectionner en ce sens. Les coutumes des provinces, les ordonnances de nos rois, la jurisprudence des parlements, les arrêts du Conseil, tout concourt à ce progrès incessant, qui, comme la renommée de Virgile, s'accroît en marchant, jusqu'à notre grande révolution, dont les principes nouveaux changent complétement la condition des enfants naturels.

A cette époque, en effet, s'opère un revirement soudain et complet dans les idées morales, politiques et religieuses de la France. Les vieilles institutions de l'ancienne monarchie, battues en brèche pendant tout le dix-huitième siècle, tombent avec leurs derniers défenseurs sous la hache révolutionnaire. De nouvelles théo-

ries sociales essayent de s'élever sur leurs débris, conte-
nant, comme toutes les choses d'alors, un singulier
mélange de grandeur et d'exagération. Le sujet qui
m'occupe ne pouvait échapper à ce mouvement général
de réforme, et nous voyons une liberté trop grande
succéder à une sévérité peut-être trop rigoureuse encore.
Aussi, lorsque le projet d'un Code unique, cet objet pendant tant de siècles, de tous les vœux, de toutes les aspi-
rations des jurisconsultes, se réalisa sous les mains
fécondes du premier Consul, ceux qui furent chargés de
le rédiger, essayèrent-ils de maintenir un juste milieu
entre ces deux extrêmes. Nous verrons, en analysant les
dispositions qui concernent les enfants naturels, s'ils y
ont réussi.

Pour moi, dont la tâche se borne à une analyse mo-
deste des dispositions dont je viens d'esquisser à grands
traits les linéaments généraux, il me reste à rechercher
quels sont les principes qui ont dû guider le législateur
dans la solution du problème social qui lui était proposé.

Tous les peuples civilisés reconnaissent que l'union
de l'homme et de la femme est, sinon la base, au moins
un des éléments les plus essentiels du développement et
de la prospérité d'une nation. Il sera donc du devoir de
tout bon législateur d'en consacrer le principe, d'en
favoriser le développement et d'entourer de protection et
d'avantages ceux qui s'unissent, selon les formes qu'il a
prescrites, par les liens légitimes du mariage.

Par contre, il devra se montrer sévère pour ceux qui,
au mépris de ses prescriptions, s'unissent, en dehors de
ces formes, dans des liaisons passagères, ou pour ceux
qui, violant le devoir de fidélité conjugale qu'il a imposé
aux deux époux, se lassent des austères et saines joies de
la famille.

Mais comment les punira-t-il? Emploiera-t-il les châtiments corporels ou les châtiments moraux? Les premiers sont propres à une civilisation peu avancée, et ils furent employés à l'origine des civilisations romaine et franque. Les seconds, plus efficaces, conviennent mieux au progrès des mœurs. Parmi ces derniers, les uns s'adressent directement au coupable, les autres l'atteignent dans ses affections. Le législateur romain, et après lui le législateur français, ont employé de préférence ce dernier mode de châtiment, et avec raison.

Ils frappent le coupable dans un de ses sentiments les plus chers, dans une de ses affections les plus intimes, dans le désir et la joie d'avoir une famille et de pouvoir lui transmettre un jour les biens qu'il a amassés à la sueur de son front et qui sont sa propriété. Il s'est mis hors la loi en enfreignant ses prescriptions, il restera dans la situation qu'il s'est faite, il n'aura ni famille, ni droit à lui transmettre ses biens. De quoi se plaindrait-il? C'est lui qui l'a voulu!

Voilà pour le coupable.

Mais si le législateur ne saurait se montrer trop sévère pour lui, il ne peut en être de même pour les enfants qui naissent de ces unions illégitimes. Le seul fait de leur naissance clandestine et de la position équivoque qu'ils occupent dans la société leur donne une situation assez malheureuse déjà pour qu'il ne vienne pas encore l'aggraver par ses rigueurs à leur égard.

Ainsi, châtiment pour les coupables, c'est-à-dire pour les parents, protection pour les enfants : tels sont les deux principes que toute loi bien faite doit s'efforcer de concilier dans une juste mesure.

Je vais, dans l'étude qui va suivre, m'occuper surtout du deuxième moyen de coercition que j'ai indiqué. Je veux parler de l'incapacité dont sont frappés les parents naturels de transmettre tout ou partie de leurs biens à leurs enfants illégitimes.

Nous verrons comment les diverses législations qui se sont succédé en France, ont su concilier les deux principes dont nous venons de parler, et si l'application qu'elles en ont faite concorde toujours avec les justes notions de la sagesse.

Dans toutes les questions où la loi, par de regrettables lacunes, aura omis de se prononcer, je le ferai en m'inspirant des deux principes fondamentaux que j'ai établis et qui se trouvent parfaitement résumés par ces belles paroles de Justinien : *Parmi les choses de ce monde, rien n'est respectable comme le mariage ; rien aussi n'est moins indigne de miséricorde que l'innocence de ceux qui souffrent de la faute d'autrui.*

PREMIÈRE PARTIE.

DE LA CONDITION ET DES DROITS

DES ENFANTS NATURELS

SOUS LA LÉGISLATION ROMAINE.

Il est une chose digne de remarque chez tous les peuples, c'est la position qu'occupent, dans leur ordre social, les enfants naturels. A la première période de leur civilisation, ils ont le même rang que les enfants légitimes, et cela se conçoit : la population a besoin de s'accroître, le mariage est mal défini, mal réglé, mal protégé, les lois incertaines et vagues. On n'y regarde pas de si près : tout être qui vient faire nombre et s'ajouter à la masse est le bienvenu ; on suit le droit de nature, et selon ce droit, dit Merlin, *les enfants légitimes et les enfants naturels ont un droit égal* (1).

Nous remarquons ce fait chez deux des principaux peuples de l'antiquité : les Hébreux et les Grecs.

Les Hébreux, il est vrai, au moins depuis Moïse, cherchent à empêcher la procréation des enfants naturels, car nous voyons le Deutéronome (2) proscrire toute liaison formée hors le temps de l'hymen; mais malgré cette proscription, l'enfant naturel ne paraît pas être sur un

---

(1) Merlin, *Répertoire*, v° *Bâtard*.
(2) C. xxiii, verset 17.

pied d'infériorité vis-à-vis de l'enfant légitime, parmi eux;
il participe aux mêmes droits et jouit des mêmes priviléges, notamment quant à la succession, tant au point
de vue actif que passif (1).

Leur situation est la même chez les Grecs dans les premiers temps, au moins selon les conjectures que nous
pouvons faire d'après le peu de renseignements que nous
avons sur ce sujet. Mais à partir de Solon à Athènes et
de Lycurgue à Sparte, nous voyons la législation tendre
de plus en plus à protéger l'enfant légitime aux dépens
du naturel, honorer le mariage, l'entourer de protections
et de priviléges.

Ainsi, à Athènes, le bâtard est déclaré infâme, et Eu-
ripide peut s'écrier dans sa tragédie d'Antigone : *C'est
un nom infâme d'être bâtard !* et plus loin : *Les bâtards sont un déshonneur pour leur mère et un crime
expiable pour leur père !* Nous voyons, par là, à quel
excès de sévérité on en était arrivé. Les bâtards, en effet,
étaient considérés comme des étrangers et n'avaient aucune qualité civile, aucun droit de famille ni de succes-
sibilité (2).

Leur père ne pouvait pas les reconnaître ni leur donner son nom, et ils ne pouvaient pas le forcer à leur
fournir des aliments. Enfin, comme pour participer aux
cérémonies religieuses il fallait être citoyen, et qu'on leur
refusait ce titre, ils en étaient exclus. Les Romains ne
les englobèrent pas tous dans la même proscription, mais

---

(1) Voir la *Genèse*, ch. xxx, et le 17e plaidoyer d'Expilly.

(2) *Neque enim nothi hæredes scribi possunt*, portait la loi athénienne,
et nous voyons, dans Aristophane, à la fin de la comédie des *Oiseaux*,
le vieillard Pistheteras dire à Hercule que si Jupiter venait à mourir, il
n'aurait rien à prétendre à son héritage, parce qu'il était bâtard.

avec leur génie subtil et leur esprit d'analyse, ils arrivèrent à distinguer plusieurs situations qui devaient être régies par des lois différentes.

C'est pour cela qu'ils divisèrent les enfants naturels en deux grandes classes : 1° les enfants issus du concubinat ; 2° les enfants issus du *stuprum*. Ils reconnaissaient bien encore les enfants issus des *contubernia servilia* et les enfants issus d'unions contractées par des pérégrins qui n'avaient pas le *jus connubii*. Mais ces deux dernières classes d'enfants ne se rapportant pas à l'ordre d'idées que je veux développer dans cette étude, ne doivent pas nous inquiéter, et je ne fais que les mentionner en passant.

CHAPITRE Ier.

Conditions et droits des enfants nés dans le concubinat.

Les enfants issus du concubinat forment à Rome la classe des véritables enfants naturels, et ils ont, dans la législation romaine, une condition qui présente quelque analogie avec celle de nos enfants naturels reconnus. Il nous importe de retracer en quelques mots l'histoire du concubinat et de ses principaux effets, pour nous rendre un compte exact de la position des enfants qui sont le fruit de ce genre d'union et des droits qui peuvent leur être accordés.

§ 1. — DU CONCUBINAT.

Il ne faut pas rechercher dans la loi des Douze Tables la réglementation du concubinat. Dure et simple comme le peuple auquel elle était destinée, elle ne contient, ou au moins nous ne connaissons d'elle, que peu de dispositions sur le droit de famille.

Cette réglementation, du reste, y aurait été déplacée, car la pureté et la simplicité des mœurs ne permettaient pas alors de semblables alliances. Chacun avait son épouse légitime et rien de plus. Mais avec la civilisation augmenta la licence des mœurs, et avec elle apparurent le divorce et le concubinat. On ne peut pas citer le premier Romain qui vécut en concubinat, mais l'histoire nous a conservé le nom de celui qui divorça le premier (1). Je suppose toutefois que le concubinat dut commencer à prendre racine à peu près à la même époque. Seulement il fut d'abord rare et clandestin, puis il prit assez d'extension pour attirer l'attention des jurisconsultes. Ils virent du premier coup d'œil qu'ils ne pourraient pas le supprimer. Ils essayèrent donc d'en user avec lui comme avec toutes les choses nouvelles, c'est-à-dire de le rattacher à l'ancien droit par un détour ingénieux. Ils se dirent : Nous ne trouvons rien dans nos lois qui prohibe le concubinat, donc elles le tolèrent; seulement il n'aura aucun des effets du *justæ nuptiæ*.

Une fois qu'elle eut pris droit de cité, cette institution si commode marcha à pas de géant, si bien qu'à la fin de la république et au commencement du règne d'Auguste, elle avait envahi Rome tout entière et jeté de profondes racines dans les provinces.

La situation de concubin n'avait rien de déshonorant pour l'homme et lui offrait, à la puissance paternelle

---

(1) Il existe à ce sujet une anecdote que connaissent, bien certainement, tous ceux qui ont suivi le savant cours de M. Demangeat.

près, tous les avantages du mariage, sans en avoir les inconvénients. C'est ce qui explique l'immense popularité
dont il jouissait et la résistance que trouvèrent, dans le
peuple, les empereurs chrétiens qui essayèrent de le
proscrire.

Le concubinat s'étalait au grand jour, car il était to-
léré par la loi (1), qui lui avait donné un nom, et il était
parfaitement distinct de l'adultère et de l'inceste, qu'elle
poursuivait de ses rigueurs : *Extra pœnam legis est,*
disait Marcellus, que cite Marcien (2).

Mais quels étaient les caractères propres du concubinat et quand pouvait-on dire qu'il existait? Cette question est assez délicate. En effet il était, à Rome, souvent
fort difficile de distinguer le concubinat du mariage. Il
est vrai que le mariage était entouré de cérémonies religieuses, accompagné de donations et qu'un *instrumen-
tum dotale* constatait habituellement l'existence d'une
dot; mais toutes ces choses n'étaient pas de rigueur, et
l'on pouvait parfaitement s'en dispenser. Or le mariage,
dépouillé de tous ces accessoires, ressemblait à s'y mé-
prendre au concubinat. Toutefois, nous verrons tout à
l'heure qu'on peut les distinguer et qu'il y a même entre
eux de nombreuses différences. Ne nous occupons maintenant que de l'intention des parties. Nous voyons que
c'est cette intention qui est, entre les deux situations, la
différence essentielle. Paul nous le dit : *Concubinam
ex solo animi destinatione œstimari oportet* (3). *Concu-*

---

(1) On peut dire que la loi *Papia Poppea* lui avait donné un caractère légal. Voir *Heinnecius,* sur cette loi.
(2) Marcien, au Digeste, loi 3, § 1, *de concubinis.*
(3) Dig., loi 4, *de concubinis.*

bina igitur, ab uxore solo dilectu separatur (1). Cette intention pouvait résulter de plusieurs faits qui prouvaient irrésistiblement, d'après les mœurs et les habitudes romaines, qu'on prétendait vivre en concubinat. Ainsi il y avait concubinat toutes les fois qu'un célibataire cohabitait avec une femme libre de tout lien conjugal qui ne devenait pas son épouse, mais qui en tenait la place dans la maison.

Il y avait encore concubinat lorsqu'on vivait avec une femme, qu'on n'aurait pu épouser. Ainsi un sénateur qui vit avec une *mulier humilis* (2) est censé vivre en concubinat.

Il fallait quelquefois, pour qu'il y eût concubinat, que l'intention des parties fût formellement exprimée. C'est ce qui avait lieu, quand un citoyen cohabitait avec une femme ingénue qui, du reste, ne s'était jamais prostituée (3). En ce cas, il fallait qu'il y eût un écrit constatant la honte de la femme et son consentement (4). En effet, l'état de concubine était peu honorable et la loi, voulant que la classe libre et élevée de la population donnât l'exemple de la moralité, punissait de certaines déchéances, l'ingénue qui consentait à accepter cette position. Ainsi elle perdait son titre de matrone et de *materfamilias*.

Il était encore évident qu'on avait pour concubine la

---

(1) Paul, *Sentences*, liv. II, tit. 20, § 1'.

(2) Voir loi 7, au Code, *de incestis et inutilibus nuptiis*, le sens du mot *humilis*.

(3) Loi 24, Dig., *de ritu nuptiarum*. Sous l'empire, on voyait certaines femmes de la plus haute noblesse se faire inscrire sur le registre des prostituées, pour avoir plus de liberté.

(4) Loi 3, Dig., *de concubinis. Princip. in fine.*

femme qui avait été surprise en flagrant délit d'adultère,
car on ne pouvait l'avoir pour épouse, autrement on
serait tombé sous le coup de la loi *Julia, de adulteriis* (1).

De même le gouverneur de province qui vivait avec
une femme de sa province, ne pouvait pas en faire son
épouse. Le but de la loi romaine, en édictant cette prohibition, était, tout le monde le sait, de ne pas permettre
à ces gouverneurs, de prendre, par des alliances avec
les anciennes familles royales, de trop fortes racines
dans leurs provinces, ce qui peut-être leur aurait donné
des velléités d'indépendance et aurait été pour Rome
une cause de tracas et de soucis.

Aussi nous venons de voir que toutes les femmes, même
les femmes libres et ingénues, pouvaient être concubines.
Il y avait cependant trois exceptions : la première basée
sur la conformation physique de la femme, les deux
autres sur une idée de pudeur et de moralité publique.

On ne pouvait pas prendre pour concubine une enfant
de moins douze ans (2), car, ou n'ayant pas la force de
concevoir, elle aurait été flétrie avant l'âge, ou l'ayant, la
gestation l'aurait épuisée, et elle n'aurait mis au monde
qu'un enfant malingre et chétif, plus nuisible qu'utile à
la république. La *meretrix* ne peut pas non plus être
concubine, car elle est tombée à un tel degré d'abjec-
tion et d'avilissement qu'elle n'est pas même digne de
ce titre, si peu honorable qu'il soit.

Enfin le concubinat, étant reconnu, créait une espèce
d'alliance naturelle entre la concubine et les parents du

---

(1) Dig., loi 1, *de concubinis*, § 2 ; et C., loi 9, *ad legem Juliam*.
(2) Dig., loi 1, *de concubinis*, § 4.

concubin. Le respect des convenances s'opposait donc à ce que le fils du concubin épousât la concubine ou réciproquement (1).

Si la seule intention donnait naissance au concubinat, de même elle le faisait cesser. Il n'y avait pas besoin de divorce. Le concubin congédiait sa concubine purement et simplement, et la concubine pouvait le quitter de même, sans autre forme de procès. C'était cette grande facilité d'union et de rupture qui faisait un des grands charmes de ce genre de liaison, à une époque où les mœurs et la morale publique étaient également relâchées.

Nous trouvons cependant une exception au principe que je viens de poser dans les rapports que le patronage établissait entre le maître qui a affranchi et la femme esclave qu'il a appelée à la liberté et à l'honneur de partager sa table et sa couche en qualité de concubine.

Je fonde cette exception sur la loi 2 *de divortiis*, au Digeste, *in fine*. Il est vrai que cette loi ne parle que du mariage du patron et de l'affranchie, et dit seulement que ce sera en ce cas, que l'affranchie sera privée du *jus connubii* avec d'autres personnes, mais il me semble que le raisonnement que fait la loi, à propos du mariage, peut également et à plus forte raison se faire quand il s'agit de concubinat; car le patron, en ne faisant de son affranchie que sa concubine, a montré, par là, qu'il voulait moins bien la traiter que s'il en eût fait son épouse ; par conséquent il a voulu lui donner moins de liberté et moins la dispenser également, des devoirs auxquels elle

---

(1) Loi 1, § 3, au Digeste, *de concubinis*, et loi 4, au Code, *de nuptiis*.

est tenue envers lui en qualité d'affranchie. Ce raisonnement est celui qui paraît avoir guidé Ulpien, quand il donne la décision suivante, qui d'ailleurs est conforme à la mienne : *Quæ in concubitatu est ab invito patrono poterit discedere et alteri se aut in concubinatum aut in matrimonium dare. Ego quidem probo in concubina adimendum ei connubium si patronum invitum deserat. Quippe honestius sit patrono libertam concubinam quam* matrem *filiam habere* (1).

Un autre cas où la femme affranchie ne pourrait pas faire cesser à son gré le concubinat, serait celui où le patron deviendrait fou. Sa position alors est encore pareille à celle de la femme mariée, à celui qui l'a affranchie, et mon raisonnement semblable à celui que je faisais tout à l'heure, et pour les mêmes motifs. Car notre hypothèse n'est qu'un corollaire de la précédente. Je me fonde, pour appuyer ma décision, sur un texte d'Ulpien : *Deindè ait lex* invito patrono : invitum *accipere debemus eum qui non consentit ad divortium : idcirco nec a furioso divertendo solvit se hujus legis necessitate, nec si ab ignorante divorterit, rectius enim hic invitus dicitur quam qui dissentit* (2).

Ainsi quand le patron est fou, l'affranchie qu'il a épousée ne peut pas faire cesser le mariage. En effet, par le fait du mariage, elle a été élevée à des honneurs auxquels elle ne serait jamais parvenue sans cela et, divorcer d'avec son patron qui l'a ainsi favorisée, ce serait fouler aux pieds tout sentiment de reconnaissance et de devoir. Donc, de son côté, le mariage ne peut pas cesser.

---

(1) Loi 1, au Digeste, *de concubinis.*
(2) Loi 45, § 5, au Digeste, *de ritu nuptiarum.*

De l'autre, son patron, étant fou, ne peut pas manifester
l'intention de divorcer. Donc le consentement est réputé
exister de chaque côté, et le mariage devra subsister
jusqu'à ce que le patron recouvre la raison.

Voilà ce qui se passe en matière de mariage, et ce qui
doit se passer également en matière de concubinat. Car
j'ai déjà réfuté l'objection qui consiste à dire que par le
mariage, le patron a honoré son affranchie beaucoup plus
que par le concubinat et que par conséquent, dans le
premier cas, il est juste que l'affranchie ne l'abandonne
pas, ne serait-ce que par reconnaissance; tandis que dans
le second cas, la reconnaissance ne la lie pas autant, et
elle peut sans violer autant ses devoirs abandonner son
patron. Cette objection est parfaitement exacte ; mais, à
côté de la reconnaissance de l'affranchie, il y a l'intention du patron qu'il faut consulter. Or, je l'ai déjà dit et
je le répète, en en faisant sa concubine, ce dernier a
voulu lui accorder moins de liberté et par conséquent
dans tous les cas où l'affranchie épouse ne serait pas
libre, comme dans le nôtre par exemple, *a fortiori* l'affranchie concubine ne doit-elle pas l'être.

Je puis encore citer ici l'opinion d'Ulpien à mon appui
car ici le patron étant fou, n'a pas manifesté l'intention
de se séparer de sa concubine et par conséquent on peut
dire qu'elle abandonne *invitum patronum*.

Au reste, Marcellus l'a fort bien compris, lorsqu'il a dit :
*Et si quæ se in concubinatu alterius quam patroni tradi-
disset matrisfamilias honestatem non habuisse dico* (1).

---

(1) Loi 41, § 1, *de ritu nuptiarum*, au Digeste. Paul est encore plus
affirmatif lorsqu'il dit : *Si patronus, libertam concubinam habens, furore cœperit, in concubinatu eam esse humanius dicitur.* (Loi 2, au Dig.,
de concubinis.)

On peut tirer de ce texte, un *a fortiori* évident. En effet, puisque l'affranchie qui vit en concubinat avec un autre que son patron, commet un acte déshonnête, à plus forte raison, en commet-elle un, quand elle abandonne son patron avec lequel elle vivait, pour vivre avec un autre en concubinat.

Donc l'affranchie concubine, pas plus que l'affranchie épouse, ne peut quitter son patron pendant le temps de sa folie.

Ayant indiqué en quoi consistait le concubinat, il me reste maintenant à indiquer en quoi il ressemblait au mariage, et en quoi surtout il en différait.

Le concubinat ressemble beaucoup au mariage ; je ne ferai par conséquent que citer les ressemblances les plus frappantes. J'en remarquerai six principales :

1° La femme ne peut contracter mariage et entrer en concubinat avant l'âge de puberté.

2° La *meretrix* ne peut pas plus être concubine qu'épouse.

3° Le concubinat est licite comme le mariage ; le *stuprum* seul est puni par la loi.

4° La parenté ou l'alliance naturelle qui est un obstacle au mariage, en est également un pour le concubinat.

5° La folie ne rompt ni l'un ni l'autre.

6° Il y a une juste cause d'exhérédation contre un fils qui a eu des relations, soit avec l'épouse, soit avec la concubine de son père.

Les différences sont les suivantes :

1° La concubine ne partage ni les honneurs, ni les dignités de celui avec lequel elle vit.

2° On peut avoir des *ancillæ* en concubinat, on ne peut les avoir comme épouses légitimes.

3° On ne peut épouser une femme surprise en flagrant délit d'adultère, on peut la prendre pour concubine. (Loi 1, § 2 au Dig., *de concubinis.*)

4° L'usage défendit les donations *inter virum et uxorem*, elles ne furent jamais défendues entre concubins. (Loi 4, P., Dig., *de donat. inter vir. et uxor.*).

5° L'action *furti* n'existait pas entre époux, elle existait de concubin à concubine (*de actione rerum amotarum*, lois 1 et 2 Digeste).

6° On pouvait cohabiter avec la concubine d'autrui, sans qu'il y eût adultère, excepté toutefois quand la concubine était l'affranchie de son patron.

7° La concubine n'avait pas pour domicile celui de l'homme avec lequel elle vivait; il en est autrement de l'épouse.

8° Un gouverneur de province ne peut pas épouser une jeune fille indigène, tandis qu'il peut en faire sa concubine.

9° Enfin, la différence la plus importante, et qui rattache le concubinat à la matière qui est le but spécial de cette étude, c'est que les enfants qui naissent des justes noces sont légitimes, tandis que ceux qui naissent du concubinat ne sont que naturels.

Voilà le concubinat et ses principaux caractères, tels qu'ils se présentent à nous, pendant toute la période païenne de la législation romaine. Mais lorsque le christianisme, avec Constantin, monta sur le trône des Césars, d'objet de faveur, ou tout au moins de tolérance, il devient un objet de mépris et de haines, et se voit en butte aux sourdes et incessantes attaques de l'Eglise et de l'Etat. Cependant, malgré toutes les entraves qu'on lui oppose, il se maintient, tant sont profondes, dans la société romaine, ses racines, jusqu'à Léon le Philosophe, c'est-à-dire plus de neuf siècles après la naissance du christianisme, et plus de 300 ans après l'avénement de Constantin.

Il me reste à exposer brièvement les modifications qu'il a subies pendant ce long espace de temps.

Constantin lui-même commence par empêcher un homme marié d'avoir une concubine (1). Ceci n'est pas douteux, quoique Justinien paraisse dire le contraire dans la loi dernière *in fine, communia de manumissionibus,* au Code.

Nous voyons ensuite Justinien réglementer le concubinat, réfréner la licence de ceux qui s'entouraient d'un vrai harem en vivant avec plusieurs concubines et ne permettre à chacun que l'usage d'une seule (2).

Le concubinat ainsi réduit et réglementé était presque un véritable mariage; aussi on l'a comparé avec raison au mariage de la main gauche des Allemands, ou au *sponsalia de præsenti* de notre ancienne législation. Toutefois, le triomphe de l'Eglise n'était pas complet; elle voyait encore là une union qui, n'étant point bénie par elle, était répréhensible par cela même et devait disparaître. C'est pour cela que Léon le Philosophe, fils de Basile le Macédonien et continuateur de l'œuvre paternelle, le proscrit définitivement et abroge les lois qui l'avaient permis comme une erreur honteuse du législateur, contraire à la religion et à la pudeur naturelle. On me permettra de citer la fin de sa constitution, qui contient une très-juste comparaison et très-belle image :
« Pourquoi, dit-il en faisant allusion au mariage, pour-

---

(1) Loi unique, au Code, *de concubinis.*
(2) Novelle 18, chap. 5.

quoi, tandis que vous pouvez boire à une source pure, aimeriez-vous mieux vous abreuver à un bourbier (1)? »

Dès lors, la classe des *liberi naturales* proprement dits disparut complétement, et il ne resta plus en présence que le mariage avec les enfants légitimes d'un côté, et de l'autre les unions criminelles avec les *spurii*.

§ 2. — FILIATION DES ENFANTS ISSUS DU CONCUBINAT.

A Rome, le concubinat était une union licite, les enfants naturels avaient un père reconnu; par conséquent, pour établir leur filiation, la preuve qu'ils avaient à faire était beaucoup moins rigoureuse que celle qu'on exige d'eux aujourd'hui, dans notre droit.

Ils n'avaient qu'à prouver que leurs père et mère vivaient en concubinage, et cette preuve n'était pas limitée à certains cas déterminés; elle pouvait se faire de toutes manières et par tous les moyens possibles. La preuve testimoniale, les papiers émanés des père ou mère, les registres du cens et de la capitation, les registres privés, la possession d'état étaient autant de ressources que l'enfant naturel, qui voulait établir sa filiation, pouvait appeler à son aide pour faire pénétrer la conviction dans l'esprit du juge (2). Celui-ci d'ailleurs était parfaitement libre d'admettre les preuves qui lui semblaient vraisemblables et de rejeter les autres. En un mot, il n'y avait aucune présomption

---

(1) Constitution 91 de Léon.
(2) Loi 29, *de probationibus*, Dig., et loi 9, *de nuptiis*, au Code, par analogie. On peut citer encore les lois 13 et 16, *de probationibus*, Dig., à l'appui.

juris et de jure, qui, une fois établie, le forçât à prononcer en un sens d'une façon absolue.

Mais lorsque l'enfant avait établi les rapports qui avaient existé entre son père et sa mère, ainsi que son identité avec l'enfant qui était né de ces rapports, je crois qu'il pouvait invoquer contre le concubin, comme il aurait pu le faire contre le mari, la présomption : *Pater is est quem nuptiæ demonstrant.* Il est vrai que la loi 5 (*de in jus vocando* D.), d'où elle est tirée, semble indiquer que cette présomption ne peut s'appliquer qu'au mariage. Mais je pense, avec Cujas, que le concubinat, ayant reçu des lois Julia et Poppæa un caractère presque légal, cette présomption pouvait aussi bien s'y appliquer qu'au mariage. En effet, sur quoi est fondée cette présomption? Sur la cohabitation qui existe, ou tout au moins, est censée exister entre mari et femme, évidemment. Or, je le demande, puisque tel en est le fondement, ne doit-elle pas avoir plus de force entre concubins qu'entre époux, puisque les premiers peuvent se séparer dès qu'ils ne veulent plus cohabiter ensemble, sans aucune espèce de formalités, tandis que les seconds seront peut-être retenus par la crainte du scandale qu'entraîne toujours avec lui le divorce?

Une fois la présomption admise en matière de concubinat, il est clair que l'enfant pourra s'en servir comme s'en serait servi un enfant légitime. Toutefois elle n'est pas invincible, elle n'a qu'un but : celui de dispenser l'enfant qui l'invoque de faire sa preuve; c'est déjà un grand avantage, car cela le constitue défendeur au procès.

Le père légitime avait plusieurs moyens de faire reconnaître sa paternité : les interdits, les *præjudicia*, la *cognitio prætoria* et même, comme le pensent Pompo-

nius et Ulpien qui le cite, la revendication, dont on adapte
la formule à notre espèce (1).

Sur ces quatre manières d'agir qu'avait le père légitime, quelles sont celles que peut employer aussi le père
naturel ?

D'abord il ne peut pas songer à la revendication, car
il aurait fallu, pour qu'il pût l'employer, que ses enfants
fussent sous sa puissance, ce qui ne peut avoir lieu que
pour ceux qui sont issus de justes noces. L'interdit *de
liberis exhibendis* suppose également que le père qui le
demande a sur l'enfant la puissance paternelle ; le père
naturel ne peut donc également l'employer (2).

Restent les *præjudicia* et la *cognitio prætoria*. Les premiers se bornent à établir un rapport de droit entre le
père et l'enfant, mais sans rien préjuger sur la question. C'est aux parties à débattre devant le juge, auquel
les renvoie le préteur, les conséquences de ce rapport
constaté.

Le préteur pouvait quelquefois examiner directement
l'affaire et juger lui-même la question au moyen d'une
cognitio extraordinaria. En ce cas, il rendait lui-même
la sentence, sans renvoyer les parties devant le juge. Ce
mode d'agir qui, sous Ulpien, n'existait encore qu'à l'état
d'exception, devint plus tard le mode habituel de vider
les procès (3).

---

(1) Loi 1, § 2, *de rei vindicatione*, Digeste. La formule de la revendication du père devait être celle-ci : *Si paret hunc hominem Auli
Agerii in potestate esse ex jure Quiritium.* La formule ordinaire n'aurait
pu suffire, l'intention devant préciser de quels rapports de droit il s'agit.

(2) L'interdit est ainsi conçu : *Qui quœve in potestate Lucii Titii est,
si is ea re apud te est dolore malo tui factum est quominus apud te
esset ita eum eamve exhibeas.* Dig., loi 1, P. *de liberis exhibendis.*

(3) Dioclétien, dans une constitution de l'an 294, relatée au Code

On conçoit que les enfants naturels avaient, pour agir, les *præjudicia* et la *cognitio prætoria*, tout comme le père naturel; car le rapport de droit que constatait le *præjudicium* pouvait, tout aussi bien, être établi au profit de l'enfant qu'à celui du père, et l'enfant pouvait tout aussi bien que lui également débattre ses intérêts devant le préteur.

A ce propos, il existe une théorie des plus importantes et peut-être celle qui en notre sujet a soulevé le plus de controverses. Je veux parler de la théorie du contradicteur légitime.

En matière de question d'état, quand l'enfant veut rechercher sa filiation et, surtout en retirer les avantages, une fois qu'il l'a établie, on peut concevoir deux manières possibles de faire cette recherche ou de profiter de ces avantages.

Ou bien l'enfant qui veut faire établir sa filiation s'adressera à la personne la plus intéressée à combattre sa prétention, et alors cette personne sera censée, aux yeux de la loi, avoir reçu mandat de toutes les autres personnes qui peuvent avoir le même intérêt; ou bien il pourra s'adresser à l'un des intéressés, et aucun n'aura, aux yeux de la loi, le caractère de mandataire des autres.

Dans le premier cas, celui qui a ainsi tacitement reçu le mandat de combattre la prétention de l'enfant s'appelle *contradicteur légitime*, et ce qui est jugé contre lui est jugé contre toutes les personnes desquelles il est censé avoir reçu son mandat. Par conséquent, l'enfant naturel

---

(*De pedaneis judicibus*, 1. 2), établit comme règle générale la procédure extraordinaire dans les provinces. Cette règle, plus tard, s'appliqua à tout l'empire.

pourra réclamer contre toutes ces personnes, s'il triomphe, les droits et les avantages attachés à la position nouvelle qui lui est faite, par la sentence du juge.

Dans le second, si l'enfant triomphe dans la réclamation qu'il a intentée contre un des intéressés, il ne pourra profiter des droits et avantages de la position que lui fait la sentence que contre la personne qui était au débat; et, quand il voudra s'en prévaloir contre tout autre intéressé, il sera obligé de débattre à nouveau son droit avec lui.

En un mot, il s'agit de savoir, si, en matière de question d'état et spécialement en ce qui nous occupe, la règle que la chose jugée entre deux personnes ne peut ni nuire, ni profiter à celles qui n'ont pas été parties au procès, doit être maintenue.

Le droit romain avait à choisir entre ces deux systèmes, et il me semble qu'il s'est arrêté au premier. Par conséquent, dans notre hypothèse, le fils aura pour contradicteur légitime le père ou la mère dont il prétend être issu. En effet, de tous ceux qui peuvent contester sa filiation, ce sont eux évidemment qui sont le plus intéressés à le faire, et ils seront, par conséquent, aux yeux de la loi, considérés comme mandataires de tous les autres pour s'opposer aux prétentions de l'enfant naturel.

Cette solution paraît résulter de plusieurs textes au Digeste et au Code. En effet nous voyons d'abord dans les lois 1, § 16 et 3, P , *de agnoscendis liberis*, au Digeste, que lorsqu'un fils recherche sa filiation paternelle la sentence du juge, bonne ou mauvaise, fait loi entre les parties : *Et pronuntiaverit cum de hoc agetur*, dit le § 16 de la loi première, *quod ex eo prægnas fuerit necne in ea causa esse ut agnosci debeat sive filius non*

fuit, sive fuit, esse suum, et ajoute la loi 3 : *Sive pronuntiaverit non fore suum quamvis suus fuerit : placet enim
ejus rei judicem jus facere.*

Ainsi, entre les parties la sentence fait loi, mais à
l'égard des tiers? Voici la réponse que nous donne la
loi 2 au même titre : *In omnibus causis.* Ainsi, toujours
et contre tous, la sentence du juge fera loi et, pour qu'on
ne se méprenne pas sur sa pensée, exprimée un peu la-
coniquement, il est vrai, Julien ajoute un exemple :
Quare et fratribus suis consanguineus erit. Aussi, vis-
à-vis de tous les fils de son contradicteur, sera-t-il considéré comme leur frère consanguin? Au reste, ce mot
de contradicteur légitime n'est pas un mot fabriqué après
coup par les interprètes du droit romain, il fait partie
de la langue des jurisconsultes et des constitutions impériales qui l'emploient dans la même acception que
moi. Nous le trouvons en effet dans une constitution
d'Alexandre Sévère : *Si ingenuum ex testamento manu-
missum esse dicas, apud suos judices causam agere de-
bes si tamen* justum contradictorem *habes, id est eum,
qui se patronum tuum esse dicit* (1).

L'empereur prend soin de nous dire quel est le contradicteur légitime, mais nous l'aurions deviné. En effet,
quel est celui qui a le plus d'intérêt à contester votre
qualité dans l'hypothèse? Évidemment, c'est celui qui
prétend vous avoir affranchi.

Au Digeste, nous voyons Callistrate employer la même
expression : *Cum non* justo contradictore *quis ingenuus
pronunciatus est* (2)..... Ainsi ces deux textes em-

---

(1) Loi 1, au Code, *de ingenuis manumissis.*
(2) Loi 3, au Digeste, *de collusione detegenda.*

ploient couramment cette expression, comme n'étant pas susceptible de faire l'objet d'un doute ou d'une controverse.

D'autres pensent que la théorie du légitime contradicteur est une théorie trouvée après coup, imaginée par les interprètes, mais qui n'a jamais existé en droit romain, ou régnait en matière de question d'état, comme en toute autre, la règle : *Res inter alias acta, aliis neque nocet neque prodest.*

Règle profondément juste, disent-ils, et à laquelle il n'y a pas de raison pour déroger en notre matière. Les jurisconsultes, d'ailleurs, n'y ont pas dérogé, car nous voyons dans la loi 9, *de liberali causa*, au Digeste, un cas où cette règle est évidemment appliquée et où ce qui est jugé contre l'un des plaideurs ne l'est pas contre l'autre. La preuve, c'est que Gaïus ajoute, après avoir parlé de l'absence de l'un ou l'autre : *Quod si adhuc nondum finito judicio supervenerit, ad eumdem judicem mittetur.*

Donc celui qui a été présent au procès n'est pas le contradicteur légitime, et ce qui serait jugé contre lui ne le serait pas contre son coplaideur. Ceci n'est pas une hypothèse particulière, car le jurisconsulte dit plus bas : *Item dicemus et si duo pluresve domini esse dicantur et quidam præsto sint quidam aberint.*

Et la loi 30 au même titre, n'est-elle pas encore plus formelle? Voilà deux propriétaires qui revendiquent un esclave, n'ont-ils pas le même droit? C'est bien là que l'un devrait être contradicteur légitime pour l'autre et pourtant que nous dit Julien : *Si uno judicio, liber, altero servus judicatus est.* Il est évident que l'un des propriétaires n'a pas été le contradicteur légitime et que ce qui a été jugé contre lui ne l'a pas été contre l'autre.

Ces exemples prouvent bien que la théorie du contradicteur légitime, telle que l'entend la première opinion,
est controuvée, ou tout au moins qu'il y avait division
sur ce point entre les jurisconsultes, dont les uns admettaient cette théorie que les autres repoussaient énergiquement.

Cette seconde opinion peut se réfuter. En effet, dire
qu'en matière de question d'état il n'y a pas lieu de déroger à la règle : *res inter alios acta...*, c'est, ce me
semble, traiter ici une question de législation, car il ne
s'agit point de savoir s'il y a raison ou non de déroger à
la règle qui règne ailleurs, il s'agit de savoir si le droit
romain l'a fait. Or les textes que produisent les partisans de la seconde opinion, pour prouver qu'il n'y a pas
dérogé, ne sont pas convaincants. Ils ne constatent qu'une
chose, c'est qu'il peut y avoir plusieurs contradicteurs
légitimes et je suis loin de le nier ; au contraire, tout le
premier, j'accorde que si deux personnes ont un droit
égal à contester, soit la filiation, soit toute autre question d'état, celui qui la réclame pourra indifférem-
ment choisir l'une ou l'autre pour contradicteur légitime, ou toutes les deux à la fois, et ce qui sera jugé
contre l'une ne le sera pas contre l'autre, car elles ont
chacune un intérêt égal et distinct. C'est ce qui ressort des
deux textes produits par les adversaires (1), et c'est tout
ce qu'on en peut tirer. Mais quant à prétendre qu'on
peut y voir la négation de la théorie du juste contradicteur, cela me semble difficile; car si, pour prendre l'exemple que donne la loi 9, nous avons, d'un côté, tous les
ayants cause du *fructuarius*, et de l'autre, tous ceux du

---

(1) Lois 9 et 30, au Digeste, *de liberali causâ.*

propriétaire, il est impossible de faire admettre, avec ces textes, que ce qui a été jugé contre leur auteur n'ait pas été jugé contre eux quand même ils n'ont pas été partie au procès.

Donc ces textes ne prouvent pas ce qu'on voudrait leur faire prouver et peuvent parfaitement se concilier avec la théorie du juste contradicteur, telle que l'expose le premier système.

Ainsi toutes les fois que l'enfant naturel s'adressera à un de ses frères consanguins et fera juger contre lui la question de filiation, ce qui aura été jugé entre eux, n'aura aucun effet à l'égard des autres, parce que, tant que le père vit, c'est lui seul qui, étant le plus intéressé, est le contradicteur légitime, et seul, le jugement rendu pour ou contre lui a effet pour ou contre tous les autres intéressés.

Toutefois il faut, pour que ce jugement soit valable, qu'il ne soit pas rendu par défaut et qu'il n'y ait pas eu collusion entre les parties.

L'enfant naturel n'entrant pas à sa naissance en la puissance paternelle et se trouvant placé par la loi hors de la famille romaine, avait peu d'intérêt, relativement à sa position sociale, à rechercher sa filiation paternelle, mais il en avait un immense à rechercher sa filiation maternelle, car sa condition en dépendait.

Ce principe admis, les anciens jurisconsultes en déduisaient rigoureusement les conséquences. L'enfant naturel prenait la condition de sa mère à l'époque de sa naissance, esclave si sa mère l'était, libre si elle jouissait des prérogatives de la liberté (1).

_____

(1) *Instituts de Gaius,* § 82, liv. 1.

Ce droit rigoureux avait été modifié, soit en faveur de l'enfant, soit contre lui.

Ainsi nous voyons un S.-C. Claudien autoriser la convention par laquelle les enfants issus d'une femme libre et de l'esclave d'une autre personne naissent et demeurent esclaves comme leur père, malgré la liberté de leur mère. On va même plus loin, et on décide que la femme qui se laisse emporter par son désir jusqu'à cohabiter avec un esclave, *servili bacchata amore*, comme dit Justinien, malgré l'opposition du maître de cet esclave, le devient elle-même et donne, par cela même, le jour à des esclaves.

Adrien décida que l'enfant qui naîtrait d'une femme libre serait toujours libre, quand même il y aurait eu convention contraire, et en cela il revint à la règle primitive, tout en favorisant l'enfant. Une autre faveur qu'on lui accorda également fut de naître libre, pourvu qu'à un moment quelconque de sa gestation, sa mère l'eût été; de la sorte, la condition de l'enfant ne dépendit plus de celle de la mère, au moment de sa naissance, mais du point de savoir si, pendant la gestation, elle avait été libre, ou non, un moment (1).

Vespasien décida, contre les enfants naturels, qu'ils naîtraient tous esclaves, sans distinction de sexe, lorsqu'ils seraient issus d'un homme libre et d'une esclave que l'homme croyait libre. Avant lui, dans cette hypothèse, les mâles naissaient libres, les femmes esclaves (2).

_____

(1) Paul, au titre 24 du livre 2 de ses *Sentences,* nous dit : *Media enim tempora libertati prodesse nec nocere possunt.* On peut voir également Ulpien, en ses *Règles,* tit. 5, § 5 et 9.

(2) Il faut, pour se rendre un compte exact de toutes ces dispositions, lire les *Instituts* de Gaïus, à partir du n° 83 du livre 1er. On peut

L'enfant naturel qui naissait d'une femme libre et ci-
toyenne romaine naissait comme elle libre et citoyen romain. De plus il était *sui juris*, car, d'un côté, les femmes
n'avaient pas la puissance paternelle, et de l'autre,
il n'entrait pas dans la famille et en la puissance de
son père, lequel, du reste, pouvait n'en pas avoir, s'il
était esclave par exemple.

Ainsi l'enfant naturel avait, dans la société, la même
position qu'un enfant légitime, et il n'en différait que
quant aux droits de famille. Il pouvait, dans l'ordre social et politique, aspirer aux mêmes honneurs que lui,
obtenir comme lui toutes les charges et tous les emplois
publics (1). Sous ce rapport, le droit romain me paraît
avoir parfaitement obéi à cette règle d'équité qui impose
à tous les législateurs l'obligation de ne pas punir les
enfants des fautes de leurs parents.

On sait que l'enfant légitime *sui juris*, qu'il eût ou
qu'il n'eût pas de biens, avait droit à un tuteur ; il en
sera de même de l'enfant naturel, et l'on peut dire qu'il
en aura toujours un, puisqu'il naît *sui juris*. Mais quel
tuteur lui donner ? Pour l'enfant légitime, nous voyons

y voir aussi comment les enfants naturels pouvaient être pérégrins ou
latins. Mais étudier cette question en détail serait sortir des bornes de
cette étude, laquelle n'est consacrée qu'aux véritables enfants naturels,
c'est-à-dire à ceux issus du concubinat et aux *vulgo concepti*.

(1) Je base cette décision sur un argument *à fortiori*, tiré de la
loi 6, P. au Digeste, *de Decurionibus*. Il est évident que si les *spurii*
peuvent être décurions, à plus forte raison les enfants issus du concubinat le peuvent être. Seulement, je crois que, comme les *spurii*, s'ils
se trouvent en concours avec des enfants légitimes, ils ne viendront
qu'après eux. On peut voir à ce sujet la loi 3, § 2 du même titre et la
loi 14, § 3, *de muneribus et honoribus* au Digeste. L'opinion que j'admets ici est également celle du chancelier d'Aguesseau, dans sa *Dissertation sur les bâtards*, tome VIII, p. 385.

trois espèces de tutelles : la tutelle testamentaire et la tutelle légitime, organisées toutes les deux par la loi des Douze Tables (1),et la tutelle dative organisée par les lois Attilia, Julia et Titia (2).

Examinons successivement ces tutelles, pour voir si elles peuvent convenir à l'enfant naturel.

La tutelle testamentaire exigeait, pour être déférée, trois conditions. Il fallait que celui qui la déférait fût père de famille, que l'enfant auquel il voulait donner un tuteur fût, avant sa mort, sous sa puissance, et que sa mort même le fît *sui juris*. Or, nous ne voyons pour l'enfant naturel aucune de ces trois conditions s'accomplir. Donc il ne peut être question de cette tutelle pour lui. Quant à la mère naturelle, elle n'a pas plus de droits que n'en a la mère légitime, et on n'a jamais reconnu à cette dernière le droit de nommer un tuteur par testament, au moins à l'époque classique. Tel est le droit pur et rigoureux qu'avaient adopté les jurisconsultes. Mais un texte, au Digeste, nous apprend qu'on s'était relâché de cette rigueur ; nous voyons en effet dans la loi 7, au Digeste, *de tutore confirmando*, qu'un père naturel peut donner à son enfant un tuteur, pourvu qu'il lui laisse quelque chose, et encore Hermogénien ajoute à cela une

---

(1) La loi des Douze Tables institue, en ces termes, la tutelle testamentaire : *Uti legassit super pecunia tutelave suœ rei ita jus esto.* Nous n'avons pas le fragment qui établit la tutelle légitime, mais nous savons, par Gaïus, qu'il y avait dans la loi une disposition à ce sujet. (Gaïus, *Instit.*, liv. I, § 155 et 157.)

(2) La loi Attilia indiquait la manière dont le préteur, à Rome, donnait la tutelle et dans quel cas il pouvait la donner. Les lois Julia et Titia remplissaient le même but pour les provinces. (Gaïus, liv. I, § 185 ; *Frag. d'Ulpien*, tit. 11, § 18 ; *Instit. de Just.*, liv. I, tit. 20.).

3

condition : *Nec sine inquisitione confirmatur* (1). Quant
à la mère, nous voyons un texte, au Digeste, qui lui
accorde également ce pouvoir. *Pater, hærede instituto
filio vel exhæredato, tutorem dare potest, mater autem
non nisi instituto, quasi in rem potius quam in perso-
nam tutorem dare videatur sed et inquiri in eum qui
matris testamento datus est tutor oportebit* (2).

Ici, on ne fait pas de distinction entre la mère légitime
et la mère naturelle, car toutes deux ont le même droit.

Ainsi, en résumé, ni le père ni la mère naturels ne
peuvent d'abord nommer un tuteur à leur enfant, mais
on le leur permit plus tard, pourvu qu'ils lui laissassent
quelque chose, et que leur choix se trouvât confirmé par
le magistrat *post inquisitione.*

Passons à la tutelle légitime. Il ne pouvait être question pour le fils naturel de la tutelle des agnats, puisque
naissant *sui juris*, il était, par cela même, en dehors
d'une puissance paternelle quelconque. Il ne faut pas non
plus parler pour lui de la tutelle des ascendants, ni de la
tutelle judiciaire, car ces deux tutelles étaient spéciales
aux enfants émancipés, et l'enfant naturel ne pouvait pas
l'être. Reste la tutelle des patrons. Celle-ci pouvait avoir
lieu au cas où l'enfant, né esclave, était affranchi avant
sa puberté par son maître.

Enfin nous arrivons à la tutelle dative, qui était, on le
voit, de beaucoup la plus fréquente, surtout dans les
beaux temps de la procédure formulaire. Pour donner un

---

(1) Justinien confirme et étend ce droit qui est accordé au père dans
une constitution relatée au Code, loi 4, *de confirmando tutore.*

(2) Loi 4, *de testamentaria tutela*, Dig. La loi 4 de *testamentaria
tutela*, au Code, ne fait pas opposition à cela ; au contraire, elle est
dans le même sens.

tuteur à l'enfant naturel, on suivait exactement les mêmes
règles que pour en donner un à l'enfant légitime, et ce
devoir incombait aux mêmes magistrats.

Le père naturel pouvait être nommé tuteur, si d'ailleurs il était capable de remplir un emploi public. Quant
à la mère, qu'elle fût naturelle ou légitime, peu impor-
tait, dans les premiers temps elle ne pouvait être tutrice;
mais on se relâcha de cette rigueur, et le prince lui accorda cette faveur (1).

La curatelle légitime, qu'avait organisée la loi des
Douze Tables(2), ne pouvait s'appliquer aux enfants naturels, mais il n'y avait aucun inconvénient à leur appliquer celle que le prêteur avait établie dans beaucoup
d'autres cas où ne pouvait s'appliquer la curatelle de la
loi des Douze Tables. Il fallait, pour nommer un curateur
à l'enfant naturel, suivre, comme en matière de tutelle,
les mêmes règles que pour l'enfant légitime. Seulement
il faut remarquer que le père ni la mère naturels ne pouvaient être nommés à la curatelle organisée par la loi
des Douze Tables. Pour les autres curatelles, aucun texte
ne s'oppose à ce que le père, au moins, soit nommé.
Quant à la mère, aucun texte ne lui accorde le droit d'ê-
tre curateur, par conséquent, je crois, que rien ne la re-
levant, en notre matière, de l'incapacité où elle est de

---

(1) Loi 17, *de tutelis*, Dig. Cette loi ne semble parler que des mères
légitimes. Mais nous voyons la loi 3, *Quando mulier*, etc., au Code,
accorder formellement, sous certaines conditions, le droit d'être tutrice
à la mère naturelle, et la novelle 89, ch. xiv, confirme cela.

(2) Voici en quels termes la loi des Douze Tables établissait la curatelle légitime : Si *furiosus est, agnatorum gentiliumque in eo pecuniaque
ejus potestas esto. — Ast ei custos nec escit.* On voit qu'elle ne prévoyait
qu'un seul cas de curatelle.

remplir les charges publiques, elle devra être exclue de
la curatelle de ses enfants.

Justinien accorde également au père le droit de nommer un curateur à son enfant, pourvu qu'il lui laisse
quelque chose(1), mais il n'accorde pas à la mère ce droit;
je le lui refuserai donc également, et cela avec d'autant
plus de raison que je trouve un texte au Digeste (2), qui
déclare que le curateur, nommé par la grand'mère, peut
refuser d'accepter, ce qui tend à dire que le choix fait
par la mère aurait été également nul.

La parenté naturelle, dérivant du concubinat, créait,
ainsi que je l'ai déjà fait remarquer, des empêchements
au mariage. Le droit romain admit cela de bonne heure
dans un but de morale et d'honnêteté publiques. J'étudierai ces empêchements quand je m'occuperai du *stuprum* auquel ils donnent naissance, lorsqu'au mépris de
toute pudeur, deux personnes, les foulant aux pieds,
s'unissent ensemble malgré les sages défenses de la loi.

§ 3.—DROITS DES ENFANTS NATURELS ISSUS DU CONCUBINAT
SUR LES BIENS DE LEURS PÈRE ET MÈRE.

On peut envisager ces droits à deux époques différentes. Dans la première, les père et mère sont vivants, il
s'agit de savoir à quoi les enfants naturels peuvent avoir
droit. Dans la seconde, les père et mère sont morts, et
alors s'agite la question de savoir ce qu'ils ont droit de
prétendre dans leur succession *ab intestat*, ou ce qu'ils
peuvent garder des dispositions faites en leur faveur.

---

(1) Novelle 89, ch. XIV.
(2) Loi 2, *de confirmando tutore vel curatore.*

SECTION I. — Théorie des aliments.

Si nous consultons la loi naturelle, nous voyons que l'homme et la femme aiment à nourrir et soigner leur progéniture, comme le font tous les êtres organisés, et toute loi civile bien faite ne devra que perfectionner et encourager cette affection et ces soins. La loi romaine n'a point failli à cette mission, elle a même sanctionné cette obligation par une pénalité efficace, qui en exige l'exécution de la part des parents assez dénaturés pour vouloir s'en affranchir. Toutefois, pour que le droit aux aliments et à l'éducation fût acquis aux enfants, elle a voulu s'assurer, par de sages précautions, qu'ils fussent bien réellement issus de ceux de qui ils les réclament. Pour les enfants légitimes, cela ne faisait aucun doute ; et ils ont droit, sans contestation aucune, à réclamer des aliments de leurs père et mère.

Mais il n'en est pas de même pour les enfants naturels, leur filiation étant moins nettement établie, leur droit aux aliments doit être également plus incertain. Toutefois, le droit romain, considérant la nature des choses, regardait la maternité naturelle comme certaine, et les enfants, en prouvant qu'ils étaient les mêmes que ceux dont telle femme était accouchée, avaient, par là même, prouvé sa maternité à leur égard, et pouvaient obtenir d'elle des aliments. Nous voyons cette solution nettement établie au Digeste et par un *a fortiori* évident (1). Quant à la paternité, ce point était beaucoup plus douteux. En effet, le seul fait, pour

(1) Loi 5, § 4, *de agnoscendis et alendis liberis*.

un homme, d'avoir cohabité avec une femme ne pouvait
la prouver. Toutefois, je pense que, quand l'homme
avait vécu notoirement en concubinat avec la femme, la
paternité devait être tenue pour aussi certaine que dans
le mariage, lorsque du reste les enfants avaient fait
preuve et de leur identité et des rapports qui avaient
existé entre leur mère et l'homme dont ils se prétendaient
issus. J'ai même soutenu plus haut que la présomption
pater is est quem nuptiæ demonstrant pouvait en ce cas
leur être appliquée.

Si l'on admet avec moi toutes ces solutions, on est
forcément amené par elles à conclure au droit qu'avaient
les enfants naturels de réclamer du concubin des aliments, comme les enfants légitimes en réclamaient de
leur père. Cette conclusion, qui repose sur la loi naturelle et sur les principes mêmes du droit romain sainement interprétés, paraît, il est vrai, être contredite par
un texte d'Ulpien, qui cite un rescrit d'Antonin le Pieux :
*Idem rescripsit ut filiam suam pater exhibeat si cons-
titerit apud judicium juste eam procreatam.* Donc,
dit-on, *a contrario*, la fille naturelle ne doit pas recevoir
des aliments de son père, donc ni les enfants naturels
en général.

On sait, et c'est élémentaire, que l'argument *a contrario* est fort dangereux quand il tend à produire une solution contraire à un principe ; or, c'est ce qui a lieu ici,
et c'est pour cela que je ne le considère pas comme très-
concluant. Au reste, je proposerai de donner aux mots
juste procreatam, un sens plus large que celui que lui
donne ceux qui en tirent l'argument que je repousse.
Ces mots ne peuvent-ils pas comprendre même la fille
issue du concubinat ? En effet, les lois Julia et Pappia
Poppæa ont donné un caractère légal au concubinat ; il

est admis par les jurisconsultes, réglementé par les lois, et ne peut-on pas dire que la fille qui en est issue est *juste procreata?* La traduction est peut-être un peu forcée, je l'avoue, mais j'aime mieux cette manière large d'entendre ces mots, qu'un argument qui me met en opposition avec la loi naturelle et les principes que j'ai posés. Au reste nous voyons un texte qui accorde, d'une façon générale, à tous les enfants qui ne sont pas *in potestate patris*, le droit de réclamer néanmoins des aliments de celui-ci. Ce texte, le voici : *Sed utrum eos tantum liberos qui sunt in potestate cogatur quis exhibere, an vero etiam emancipatos* vel ex aliâ causâ sui juris constitutos, *videndum est. Et magis puto* etiam si non sunt liberi in potestate alendos a parentibus (1). Ce texte dans sa généralité, me paraît évidemment comprendre les enfants naturels issus du concubinat.

Il est d'Ulpien comme le précédent, tiré du même ouvrage, et il me semble difficile que le jurisconsulte puisse déroger aussi vite et sans motif à une règle aussi générale que celle qu'il pose en commençant.

Le doute d'ailleurs, si doute il y a, disparaît bientôt, et nous voyons des textes formels imposer au père naturel l'obligation de nourrir ses enfants après sa mort, soit en leur assurant des aliments, soit en leur laissant une partie de sa succession (2). On peut conclure de là, par un

---

(1) Loi 5, § 7, au Dig., *de agnoscendis et alendis liberis.*
(2) Loi 8, au Code, *de naturalibus liberis*, à l'authentique. Elle accorde aux enfants naturels, sur la succession de leur père, des aliments qui doivent être arbitrés par un homme de bien. Voir également novelle 18, ch. v, et novelle 89, ch. xii, § 4 et 6. Ce dernier paragraphe force les enfants légitimes du père à donner des aliments aux enfants naturels.

a fortiori très-légitime, qu'il devait également leur en fournir pendant sa vie. Ceci me semble résulter encore de la novelle 89, ch. 13, qui accorde certainement, en vertu de la réciprocité de la dette alimentaire (1), des droits de ce genre aux enfants naturels, sur les biens de leur père vivant.

Si nous examinons le droit que peuvent avoir les enfants naturels à réclamer des aliments de leur aïeul, soit paternel, soit maternel, nous ne voyons que deux textes qui aient trait à ce sujet. Le premier semble refuser à l'enfant naturel tout droit sur la succession de son aïeul paternel, s'il ne lui a rien laissé. On peut, je crois, conclure de cette décision que la dette alimentaire n'existait pas entre l'aïeul paternel et ses petits-enfants naturels. Le second la leur accorde au contraire formellement sur les biens de leur aïeul maternel (2).

Dans le cas où plusieurs personnes doivent des aliments, c'est au juge à décider qui doit les fournir (3). On a recours pour cette taxation à une *cognitio extraordinaria* et, si l'enfant est impubère et se trouve, par

---

(1) La réciprocité de la dette alimentaire ne me paraît pas devoir faire, en droit romain, l'objet d'un doute sérieux. En effet, il est tout aussi conforme au droit naturel de voir les enfants naturels soutenir et nourrir leurs parents qui sont dans le besoin, que de voir ceux-ci, nourrir et élever leurs enfants. Cette réciprocité est établie, du reste, de la manière la plus formelle, par une foule de textes. Je me bornerai à citer le plus concluant; c'est ce même § 1 de la loi 5, au Digeste *de agnoscendis et alendis liberis*, que j'ai reproduit.

(2) Loi 12, *de naturalibus liberis*, *in fine*, au Code, et loi 5, § 5, *de agnoscendis et alendis liberis*, au Code, citée tout à l'heure, et qui se termine par ces mots : *Et vice mutua alere parentes debere*. Cette réciprocité en faveur des parents existe quand même, le père aurait commis un inceste ou la mère trafiqué de son corps.

(3) Loi 5, § 2, *de agnoscendis et alendis liberis*, Dig.

conséquent, dans l'impossibilité de réclamer des aliments, ses proches peuvent en réclamer pour lui (1).

Si nous remontons à la loi des Douze Tables, nous
voyons que pour cette succession elle établit trois ordres
d'héritiers : les héritiers siens, les agnats et les gentils (2). On voit qu'elle excluait par cela même les enfants naturels de l'hérédité, car ils ne faisaient en aucune
façon partie de la famille, telle qu'elle était organisée
par cette loi, et on ne pouvait être héritier sien, agnat
ou gentil, qu'à condition d'en faire partie.

Le droit prétorien vint apporter quelque adoucissement
à cette législation exclusive et, pour remplacer l'ordre des
gentils, qui était tombé avec l'organisation de la gentilité
romaine, il créa une troisième classe de successeurs *ab
intestat*, la classe des cognats, dans laquelle étaient compris tous ceux qui se rattachaient, d'une façon certaine,
au défunt, par les liens du sang. Les enfants issus du
concubinat purent donc venir à la succession dans cet
ordre, tant dans celle de leur mère que dans celle de leur
père, car des deux côtés leur filiation était certaine.

Ainsi, sous la loi des Douze Tables, l'enfant issu du
concubinat ne peut, en rien, prétendre à l'héritage pa-

---

(1) Loi 5, § 7 et 8, *de agnoscendis et alendis liberis*, Dig., et loi 4,
ubi pupillus, Dig.

(2) Voici les dispositions de la loi qui appelaient ces divers groupes
d'héritiers (Table IV, nos 4 et 5): *Si intestato moritur cui suus hæres
nec sit, adgnatus proximus familiam habeto. — Si adgnatus nec escit,
gentilis familiam nancitor.*

ternel ; sous le droit prétorien, il voit passer avant lui
ses frères légitimes et les agnats ; mais quand arrive
l'ordre des cognats, où l'on ne considère que les liens
du sang, il peut prendre place au premier rang et revendiquer sa part avant tous ceux qui ne sont pas comme
lui, issus directement du défunt. Telle fut la situation
des enfants issus du concubinat, et leurs droits dans la
succession paternelle jusqu'à Justinien. On voit qu'elle
n'était pas brillante (1). Toutefois cet empereur l'aggrava
encore. Il leur enlève, en effet, tout droit sur la succession de leur père, dans la loi 8, au Code, *de liberis na-*
turalibus. Toutefois il revient plus tard sur cette décision et il leur accorde, soit dans l'authentique
qui suit cette loi, soit dans la novelle 18, ch. 5, soit
dans la novelle 89, ch. 12, § 4, un sixième de la succession qu'ils partageront avec leur mère, la concubine
du *de cujus.* Mais pour cela, il faut que celui-ci n'ait
laissé ni enfants, ni femme légitimes, et qu'il n'ait eu
qu'une seule concubine : *quæ sola fuerit,* dit-il, *ei in-*
dubitato affectu conjuncta. Autrement s'il a une femme,
ou des enfants légitimes survivants, ou s'il a eu plusieurs
concubines, les enfants naturels sont entièrement écartés, car son but n'est pas de favoriser la débauche. Ce rapide exposé nous montre que les droits des enfants naturels sur la succession de leur père étaient, en somme,
fort restreints, et que ce fut sous le règne de Justinien
seulement, qu'on songea à améliorer leur position sous
ce rapport.

---

(1) Les empereurs chrétiens qui remanièrent tant de fois et en des
sens si différents la succession testamentaire des enfants issus du concubinat, ne touchèrent pas aux droits que leur avait conférés l'ancienne
jurisprudence sur la succession *ab intestat* de leur père.

Il n'en était pas de même de leurs droits sur la succession de leur mère. Là, la filiation était certaine, le doute n'était pas possible. De plus, la mère soit légitime, soit naturelle, ne pouvant jamais avoir d'enfants en sa puissance, puisqu'une femme ne pouvait pas avoir la puissance paternelle, il en résultait que, pour régler l'ordre de ses héritiers *ab intestat,* on ne consultait pas les liens de famille, mais le lien du sang. Or ce lien était aussi fort pour les enfants naturels que pour les légitimes. Par conséquent, quand on se fut relâché de la rigueur du droit civil, et que l'équité prétorienne eut corrigé ce qu'il avait de trop logique et de trop rigoureux, les enfants qui ne pouvaient, en aucun cas, arriver à la succession de leur mère purent y arriver dans l'ordre des cognats (1). Plus tard, sous Marc Aurèle, leur condition s'améliore, et nous voyons le S.-C. Orphitien leur permettre de venir en première ligne, à la succession maternelle. Tous les enfants en profitèrent, les légitimes comme les naturels, et tous se la partagèrent également (2).

Toutefois le S.-C. ne s'appliquait qu'à la mère qui était affranchie de la puissance paternelle. Les enfants, quels qu'ils fussent, excluaient les agnats. Ils excluaient

---

(1) Il est aisé de se rendre compte de la raison qui, sous la loi des Douze Tables, écartait complétement les enfants de la succession de leur mère. Celle-ci restait ordinairement en la puissance de son père, à moins qu'elle ne fût *in manu mariti,* ce qui devint de plus en plus rare ; or, ses agnats ou ses gentils seuls pouvaient lui succéder, et quels étaient-ils ? ceux qui étaient sous la même puissance ou dans la même *gens* qu'elle, c'est-à-dire sous la puissance et dans la *gens* de celui dont elle descendait.

(2) Ce sénatus-consulte est la contre-partie du sénatus-consulte Tertullien, rendu quelque temps avant, et qui accordait à la mère la succession de ses enfants.

même la mère de la défunte, malgré le S.-C. Tertullien, qui lui donnait un droit sur la succession de sa fille prédécédée, mais ce conflit avait été réglé par des constitutions impériales postérieures (1). Ils excluaient également son père, puisque celui-ci n'avait de droit qu'à défaut d'enfants.

On se demanda bientôt, à propos du S.-C. qui nous occupe, si les enfants n'auraient pas droit à la succession de leur aïeule ; le texte ne le leur accordait pas, mais, comme le dit Justinien en ses Instituts, des constitutions impériales corrigèrent cela, et appelèrent, à l'exemple des fils et des filles, les petits-fils et les petites-filles (2).

Justinien, un peu plus bas, ne fait que rappeler une chose que tout le monde doit connaître ; il le suppose au moins, tant elle est élémentaire : à savoir que tous les enfants ont droit à la succession maternelle, quels qu'ils soient. Nous voyons donc confirmé par les Instituts eux-mêmes, ce que j'ai avancé en ne m'appuyant que sur les seuls principes.

Toutefois, il faut savoir que Justinien fit plus tard une exception à cette règle qu'il énonce d'une manière si générale. Il ne change rien aux droits des enfants issus du concubinat ; mais quant aux *spurii*, il les range dans une classe moins favorisée, quand ils sont issus d'une femme illustre : *Sancimus itaque ut, neque ex testamento, neque ab intestato, neque ex liberalitate inter*

---

(1) Notamment celle des empereurs Valentinien, Théodose et Arcadius, au Code Théodosien, liv. V, tit. I, const. 4.

(2) *Instituts* de Just., liv. III, tit. IV, § 1. Une des constitutions dont parle Justinien, est celle de Valentinien, Théodose et Arcadius, relatée à la fois au Code Théodosien et au Code de Justinien. Code Théodosien, liv. V, tit. I, constit. 4; Code de Just., liv. VI, tit. LXV, loi 9.

vivos habita, juslis liberis existentibus *aliquid* penitus ab illustribus matribus ad spurios *perveniat* (1).

Le droit des enfants naturels est si certain que nous voyons la loi 3, au Code, *de inofficioso testamento*, leur accorder la querelle d'inofficiosité s'ils ont été omis par leur mère dans son testament.

Tel est le droit des enfants naturels sur la succession, *ab intestat* de leur mère. Depuis le S.-C. Orphitien, à part les deux modifications en sens inverse que nous avons observées, nous ne voyons aucun changement se produire à ce sujet dans la législation. On peut donc considérer ce S.-C. comme la dernière expression de la législation romaine, sous ce rapport.

SECTION III. — Droits des enfants issus du concubinat sur la succession testamentaire de leurs père et mère.

La loi des Douze Tables accorde au père de famille, un pouvoir illimité dans la distribution de sa fortune, après sa mort : *Uti legassit super pecunia.... ita jus esto*. Ses dispositions sont souveraines et doivent être respectées.

Il peut donc léguer toute sa fortune à son enfant naturel, comme il pourrait la léguer à un étranger. Et si, d'un côté, nous voyons la jurisprudence tutélaire du préteur l'empêcher de dépouiller totalement sa famille légitime, nous ne voyons, de l'autre, aucun texte, venir, à l'époque païenne, restreindre la faculté qu'a le père naturel de donner tout ce dont il peut disposer, aux enfants issus de la femme avec laquelle il a eu des relations habituelles ou passagères.

---

(1) Loi 5, C., *ad S.-C. Orphitianum*.

Pour trouver une prohibition, il faut arriver à Constantin, et nous retrouvons là l'influence de l'Eglise. Influence bonne en principe, en ce que, protégeant énergiquement le mariage, elle relève la dignité de la femme, abaissée par le concubinat qu'elle proscrit, mais mauvaise dans son application, en ce qu'elle frappe trop rudement les enfants innocents des fautes de leur père.

Justinien mentionne ce revirement de jurisprudence dans la préface de sa 89ᵉ novelle, en ces termes : *Naturalium nomen romanæ legislationis dudum non erat in studium, nec quælibet fuerat circa hoc humanitas, sed tanquam alienigenum aliquid et omnino alienum a republica putabatur : a Constantini vero piæ memoriæ temporibus in constitutionum scriptum est libris.*

Quelle est cette constitution de Constantin dont l'empereur fait ici mention ? On a beaucoup discuté là-dessus. Les uns pensent que c'est la loi 1ʳᵉ au Code, *de naturalibus liberis*; mais je ne partage pas cette opinion, car elle ne statue que sur un cas tout à fait particulier, de telle sorte qu'il n'y aurait eu, d'après elle, qu'une seule classe d'enfants qui aurait été privée de tous droits à la succession testamentaire de leur père, tandis que Justinien lui-même semble dire que cette prohibition était générale, lorsqu'il dit que les empereurs Valentiniens, Valens et Gratien furent les premiers qui firent quelque chose en faveur des enfants naturels : *Valenti siquidem et Valentiniano et Gratiano divæ memoriæ primis placuit* humanum aliquid agere circa naturales (1). Je pense donc avec d'autres commentateurs, avec

_____

(1) Novelle 89, ch. XII.

Godefroy notamment, que la constitution que cite ici
Justinien est plus générale. Cette sévérité, du reste, ca-
drait fort bien avec le caractère intolérant de l'époque,
qui ne fait qu'en rendre plus probable l'existence. Toutefois, il faut avouer que cette constitution n'a jamais été
retrouvée et que notre système, quoique très-probable,
ne repose d'ailleurs que sur une simple hypothèse. Quoi
qu'il en soit, il est certain que les mesures qui écartent
les enfants naturels de la succession de leurs parents,
coïncident avec l'avénement du christianisme sur le trône
des Césars, et ce n'est qu'après cette première victoire,
lorsque l'enivrement du triomphe fut passé, que la voix
de la tolérance et de la raison se fit entendre, et qu'on
comprit qu'il était injuste et odieux de faire expier
aux enfants naturels, par une incapacité successorale
complète, des fautes dont ils étaient la première vic-
time.

La constitution de Valentinien, Valens et Gratien, dont
nous parle Justinien, est relatée au Code Théodosien, où
elle forme la loi première du titre *de naturalibus liberis.*
Voici les dispositions principales qu'elle contient et dont
la novelle 89 nous donne l'abrégé : Quand il existe des
enfants légitimes, les enfants naturels et leur mère ne
peuvent prétendre qu'à un douzième de la succession. Si
le défunt n'a ni enfants légitimes, ni enfants naturels,
ni épouse, sa concubine peut prendre un vingt-qua-
trième du bien qu'il laisse à son décès. Mais dans le
cas où les enfants naturels seraient seuls héritiers du défunt, ils auraient droit aux trois quarts de la succession
entière, et leur mère partagerait par tête avec eux. Arcadius et Honorius confirmèrent cet ordre de choses, en
ajoutant que, pour le surplus, il reviendrait aux héri-

tiers que la loi appelle à la succession du défunt (1). On connaît après cela l'existence d'une constitution de Valentinien III, qui ne nous est pas parvenue. On suppose que cet empereur revint au droit de Constantin, mais on ne connaît pas au juste les innovations qu'il introduisit. Au reste, quelques années après, nous voyons Théodose le Jeune rétablir les principes posés par la constitution de Valentinien, Valens et Gratien (2). Enfin Justinien fit, dans la novelle 89, une refonte générale de la législation, concernant les droits successoraux des enfants naturels. Cette révision leur fut favorable, car elle augmenta leurs droits d'une façon assez notable.

Il commence d'abord par décider, dans l'authentique *Nunc soli*, au Code, que la présence d'enfants adoptifs ou autres successeurs, telle qu'une épouse légitime, par exemple, n'empêcherait pas le père naturel de faire à ses enfants naturels les libéralités qu'il voudrait.

Si les enfants légitimes n'existent pas, le père naturel peut disposer en faveur de sa concubine et de ses enfants de la moitié de sa succession, et il peut le faire comme bon lui semblera, par donation entre-vifs, dot, donation anténuptiale, testament, legs ou fidéicommis (3).

L'empereur alla même plus loin et permit au père qui n'a ni descendants légitimes, ni ascendants réservataires, de laisser toute sa succession à ses enfants naturels (4).

---

(1) Loi 2, au Code, *de naturalibus liberis*.

(2) On peut voir la constitution de Théodose le Jeune, au Code Théodosien, où elle forme la loi 2 *de naturalibus liberis*.

(3) Novelle 18, ch. v; novelle 89, ch. xii; loi 8, au Code, *de naturalibus liberis*.

(4) Authentique *Licet*, au Code, *de naturalibus liberis*; novelle 89, ch. xii, § 3.

Il laissa subsister la disposition de Valentinien; Valens et Gratien pour le cas où les enfants naturels et leur mère seraient en concours avec des enfants légitimes. Leur part en cette hypothèse fut donc toujours d'un douzième de la succession (1).

Il fit même une disposition pour les enfants naturels d'un fils légitime et pour les légitimes d'un fils naturel. A défaut de descendants légitimes, l'aïeul pourra leur donner toute sa succession, comme il aurait pu le faire pour son fils naturel. Mais s'il y a des enfants légitimes, le petit-fils ne pourra recevoir que la part qu'aurait reçue le fils naturel lui-même (2).

Passons maintenant aux dispositions que les femmes pouvaient faire en faveur de leurs enfants naturels. Il est clair que, même sous la législation des Douze Tables, les femmes ont eu le droit, quand elles étaient *sui juris*, d'avoir un testament. Sous la législation prétorienne, cela ne fait pas de doute, et Ulpien nous le montre en se demandant à quel âge la femme peut le faire (3). Dans le Bas-Empire il en est de même. Donc la concubine qui était *sui juris* pouvait certainement faire des dispositions testamentaires en faveur de ses enfants. Toutefois, et c'est assez bizarre, nous ne voyons aucun texte parler des dispositions qu'elle peut faire, ni au Digeste, ni au Code. Devant ce silence, je suppose que les textes, en ne parlant que de l'homme, ont parlé synthétiquement, et que la femme est comprise dans cette dénomination. J'en conclus que la concubine pourra faire, en fa-

---

(1) Novelle 89, ch. XII, *Princip.*
(2) Loi 8, au Code, *de naturalibus liberis*, et novelle 89, ch. XII, § 6, *in fine.*
(3) Loi 5, au Digeste, *qui testamenta facere possunt.*

4

veur de l'homme avec lequel elle a vécu et des enfants qui sont issus de leur union, les mêmes dispositions que cet homme pourrait faire en sa faveur et en faveur de leurs enfants.

CHAPITRE II.

Conditions et droits des enfants issus du stuprum.

Toutes les fois que deux personnes s'unissaient sans qu'il y eût entre elles concubinat ou mariage, il y avait *stuprum*, et les enfants qui étaient issus de cette union s'appelaient *spurii, vulgo quæsiti, quasi sine patre nati*.

Le *stuprum* pouvait être simple, adultérin ou incestueux, et les enfants qui en naissaient étaient ou simplement *spurii*, ou adultérins, ou incestueux. On disait de ces deux derniers groupes d'enfants qu'ils étaient *ex nefario coïtu nati*.

§ 1. — CONDITIONS ET DROITS DES ENFANTS ISSUS DU *stuprum* SIMPLE.

Il y avait *stuprum*, simple lorsqu'une union passagère avait lieu entre deux personnes non mariées, ni rattachées l'une à l'autre par la parenté, l'alliance ou un lien naturel quelconque : *Stuprum committit*, dit Modestin, *qui liberam mulierem consuetudinis causâ non matrimonii continet : excepta videlicet concubina... Stuprum in vidua vel virgine vel puero committitur* (1).

_____

(1) Loi 34, au Digeste, *ad legem Juliam de adulteriis*. On peut voir

Ce texte nous indique une autre espèce de *stuprum*, celui qui se commettait sur un adolescent, et dont nous n'avons pas à nous occuper ici.

Le *stuprum*, en général, n'était puni d'aucune peine. Il fallait, pour les encourir, qu'il fût commis dans certaines conditions. Ainsi, lorsqu'il avait été accompagné de la séduction de la jeune fille ou de la veuve de mœurs honorables sur laquelle il avait été commis, le séducteur était puni par la confiscation de la moitié de sa fortune, s'il était de condition honorable, sinon il encourait une peine corporelle et la relégation (1). Lorsque, d'un autre côté, il était accompagné de violence et qu'il y avait eu rapt d'une fille, d'une veuve, d'une religieuse ou de toute autre femme de mœurs honorables, le ravisseur et ses complices étaient punis de mort (2). Il en était de même de celui qui, comme le dit Justinien, se livrait à d'infâmes débauches avec les hommes.

Les enfants issus du *stuprum* n'avaient pas de père certain, ils ne pouvaient donc pas avoir de droit dans la succession *ab intestat* ou testamentaire de ce dernier. Toutefois, la recherche de la paternité n'était pas interdite en droit romain ; ils pouvaient parfaitement se faire reconnaître judiciairement pour les fils de tel homme. Ce droit entraînait la faculté d'obliger celui qui aurait été reconnu pour leur père à leur fournir des aliments de son vivant, au moins à l'époque des jurisconsultes. Cela résulte directement de la règle posée par Ulpien dans la loi 5, § 1, au Digeste, *de agnoscendis et alendis*

également la distinction que fait Papinien entre l'adultère et le *stuprum*, à la loi 6, § 1, au même titre.

(1) *Instit.* de Justin., liv. IV, tit. XVIII, § 4.

(2) *Instit.* de Justin., *eodem loco*.

liberis. Je discuterai, du reste, plus loin cette question, en parlant des enfants incestueux, et ce que je déciderai à leur égard devra, par *à fortiori,* s'appliquer aux *spurii* simples. Quant à la mère et à l'aïeule, elles doivent fournir des aliments à leurs enfants ou petits-enfants *vulgo quæsiti.* La loi 5, §§ 4 et 5, *de agnosc. et alendis liberis,* ne laisse aucun doute sur ce point.

Ce que j'ai dit sur la tutelle et la curatelle des enfants issus du concubinat, s'applique en entier aux enfants issus du *stuprum,* car nous ne voyons aucun texte qui en empêche l'application à leur égard, ou qui écarte le père de la tutelle ou de la curatelle, lorsqu'il a été reconnu pour être véritablement celui dont les enfants sont issus.

Je n'ai également trouvé aucun texte qui ait rapport aux droits que les enfants *vulgo quæsiti* pouvaient avoir sur les biens de leur père décédant *ab intestat,* à l'époque classique; mais je crois qu'on peut tirer des principes les règles à suivre sur ce point. Tant que les *spurii* n'ont pas prouvé qu'un tel est leur père, ils ne peuvent avoir aucun droit sur sa succession; mais, comme la recherche de la paternité n'est pas interdite à Rome, ils pourront la faire constater, et rien ne s'opposera à ce qu'ils viennent prendre part à sa succession dans la classe des cognats créée par le préteur.

Sous Justinien, les différentes classes de parenté civile n'existant plus, l'ordre naturel et les liens du sang règlent seuls les successions. Il semblerait donc que les *spurii* devraient venir alors en première ligne, avec les autres enfants naturels issus du concubinat, mais il n'en est rien : cela résulte évidemment du texte de l'authentique *Licet,* au Code, *de naturalibus liberis.* L'empereur, d'accord en cela avec l'idée chrétienne, ne veut pas fa-

voriser la débauche. Ainsi, selon moi, avant cette constitution, les enfants *spurii* simples ont, sur la succession
ab intestat de celui dont la paternité a été reconnue à
leur égard, exactement les mêmes droits que les enfants
issus du concubinat. La seule différence, dans leur position, sera que pour les seconds, la présomption *pater is
est...* s'appliquant, ils sont dispensés de fournir la preuve
de la paternité, et jouent dans le procès le rôle de défen-
deurs, tandis qu'il n'y a rien de semblable pour les premiers, qui, en conséquence, sont obligés de faire leur
preuve et de remplir le rôle toujours plus difficile de
demandeurs.

Quant à leurs droits sur la succession de leur mère,
ils naissent en même temps que ceux des enfants issus
du concubinat, et le S.-C. Orphitien s'applique également
à eux; car, par rapport à leur mère, comme l'on ne considère, ainsi que je l'ai déjà dit, que les liens du sang,
ces liens sont tout aussi certains que l'enfant soit né *ex
conoubinatu* ou *ex vaga venere.* Par conséquent tout ce
que j'ai dit sur les droits de succession *ab intestat* que
peuvent avoir les enfants issus du concubinat s'appliquera
aux enfants *vulgo quœsiti.* Toutefois, il faut remarquer
que quand ces derniers sont nés d'une femme illustre
qui a des enfants légitimes, ils sont moins favorisés que
les autres, car ils ne peuvent rien recevoir d'elle, ni par
donation, ni par testament, ni par succession *ab intestat* (1).

Nous avons vu, que, sous la loi des Douze Tables et la
législation prétorienne, rien ne vint restreindre la liberté
de tester du père de famille; on doit en conclure aisé-

(1) Loi 5, au Code, *ad* S.-C. *Orphitianum.*

ment que les *spurii* purent recevoir, comme un étranger l'aurait reçue, la totalité de la succession, sauf la réserve que le préteur avait établie en faveur des enfants et des ascendants.

Ils furent compris, cela va sans dire, et *a fortiori*, dans la prohibition, qui frappa les enfants issus du concubinat, de venir aux successions testamentaires, prohibitions que nous voyons apparaître, quelle qu'en soit la date précise, avec le triomphe du christianisme. Mais faut-il leur appliquer les adoucissements que la législation du Bas-Empire apporta à cette première rigueur? Ici nous manquons totalement d'éléments pour résoudre la question. On voit bien des textes frapper d'incapacité les enfants adultérins et incestueux, mais je n'en ai pas trouvé qui parlent des enfants issus du *stuprum* simple.

Devant ce silence complet, voici, ce me semble, la marche qu'il faut suivre pour résoudre la question. Il est certain que les empereurs chrétiens voyaient avec défaveur les différentes classes d'enfants naturels, et que toutes leurs constitutions tendaient à en restreindre le nombre. Par conséquent, quand nous voyons un avantage accordé à une classe de ces enfants, nous ne pouvons que l'interpréter restrictivement. Or, si nous remarquons les diverses constitutions qui accordent des droits aux enfants naturels, en matière de successions testamentaires, nous voyons toujours qu'elles parlent des enfants naturels et de la concubine, ce qui exclut, par cela même, les *spurii*, puisque nous devons les interpréter restrictivement, et qu'elles limitaient parfaitement leurs effets aux seuls enfants issus du concubinat.

Donc les enfants naturels *spurii* simples, depuis les empereurs chrétiens, n'ont aucun droit à la succession paternelle testamentaire. On peut dire que leurs droits

à la succession testamentaire maternelle a subi les mêmes
variations. Droit complet jusqu'aux empereurs chrétiens,
puis prohibition absolue depuis cette époque. Telles sont
les solutions que je propose sur cette difficile matière, où
les textes font à chaque pas défaut au commentateur, qui
pour marcher, ne peut que s'éclairer des aperçus que
fournit l'histoire.

§ 2. — CONDITIONS ET DROITS DES ENFANTS INCESTUEUX.

Quand deux personnes, rattachées l'une à l'autre par
la parenté, l'alliance, ou par un lien naturel quelconque,
s'unissaient entre elles, elles commettaient un inceste ;
les enfants, fruits de cette union néfaste, étaient dits *incestueux* : *Si quis ex his, quas moribus prohibemur uxö-
res ducere, duxerit, incestum dicitur committere* (1).

Il y avait inceste entre parents : 1° quand on s'épousait
en ligne directe à l'infini ; 2° quand, en ligne collaté-
rale, il n'y avait pas entre chacun des deux parents et
leur auteur commun au moins deux degrés. Je ne fais ici
qu'énoncer le principe sans m'étendre sur les applications
de détail qui m'entraîneraient trop loin, et qui d'ailleurs
sortiraient de mon sujet.

L'inceste existait entre alliés : 1° quand deux alliés en
ligne directe s'unissaient ; 2° quand l'union avait lieu
entre beau-frère et belle-sœur. Sous l'ancien droit, une
telle union ne donnait pas lieu à un inceste. Ce fut Constantin qui la fit regarder comme telle. Le simple lien
naturel résultant du concubinat, produisait un inceste,

---

(1) Loi 2, § 1, au Digeste, *de ritu nuptiarum.*
(2) Loi 2, au Code Théod., *de incestis nuptiis.*

ainsi que nous le voyons dans la loi 4, au Code *de nuptiis;*
de même, le lien naturel résultant du *contubernium*, et
même d'une simple union passagère : *Serviles quoque
cognationes*, nous dit Paul, *in hoc jure observandæ
sunt;* et plus loin : *Undè nec vulgo quæsitam filiam pater naturalis potest uxorem ducere, quoniam in contra-
hendis matrimoniis naturale jus et pudor inspiciendus
est; contra pudorem est autem filiam uxorem suam
ducere.*

  . Les peines prononcées contre l'inceste étaient très-sévères, et cela se conçoit, car il s'agissait du maintien de
la famille et de sa dignité.

  Il va d'abord sans dire, que l'union incestueuse,
quelque prolongée qu'elle fût, n'entraînait pas mariage.
C'est pour cela que Justinien a pu dire : *Si adversus ea,
quæ diximus, aliqui coierint, nec vir nec uxor, nec
nuptiæ, nec matrimonium, nec dos intelligitur* (1).

  Il y avait deux espèces d'inceste, ainsi que Paul nous
l'apprend : l'inceste du droit des gens et l'inceste simple.
Le premier était puni de peines beaucoup plus sévères
que le second, surtout si celui-ci avait été commis de
bonne foi (2). La peine était corporelle et pécuniaire.

  La première variait : tantôt elle s'appliquait à la femme,
tantôt elle ne s'y appliquait pas. Elle s'appliquait à la
femme, quand elle avait commis un inceste du droit des
gens. Papinien nous le dit positivement : *Quare mulier
tunc demum eam pœnam quam mares sustinebit cum
incestum jure gentium prohibitum admiserit* (3).

---

(1) *Instit.* de Justin., liv. I, tit. X, § 12, et aussi le *Comment.* d
Gaïus, liv. I, § 64.

(2) Loi 68, au Digeste, *de ritu nuptiarum.*

(3) Loi 38, § 2, au Digeste, *ad legem Juliam de adulteriis.*

Elle lui était également appliquée quand un autre
crime se mêlait à l'inceste. Ceci résulte également d'un
texte de Papinien : *Si adulterium cum incesto commit-*
tatur, utputa cum prævigna, nuru, noverca, mulier si-
militer quoque punietur (1).

Mais dans ce cas quelle était la peine applicable à
l'homme comme à la femme ? M. Demangeat, dans le
remarquable ouvrage qu'il vient de publier, hésite et ne
sait pas au juste si c'est la déportation ou la relégation ;
il cite deux textes des Sentences de Paul comme se con-
tredisant l'un l'autre (2). Il me semble qu'en les interpré-
tant convenablement, on peut arriver à une solution à
peu près certaine. Je crois que, dans la double hypothèse
que nous venons d'exposer, la peine encourue par les
deux coupables sera la déportation. En effet, la peine de
l'inceste est la déportation, en principe, ainsi que nous
l'apprend un des textes de Paul : *Incesti pœnam, quæ*
in viro in insulam deportatio est (3)... Par conséquent
l'homme subira la peine sans aucun doute ; quant à la
femme, elle la subira également, car nous avons vu que
lorsqu'elle a commis un inceste du droit des gens, ou
qu'un autre crime, tel que l'adultère par exemple, se
mêle à l'inceste, elle doit être punie comme les hommes.
Paul prévoit ce cas dans l'autre texte, mais en ne parlant
que de l'homme, et ce texte a une singulière analogie
avec le second de Papinien, que nous avons cité plus
haut, ainsi qu'on peut le voir : *Nec socrum, nec nurum,*
provignam, nec novercam aliquando citra pœnam

---

(1) Loi 38, P., au Digeste, *ad legem Juliam de adulteriis.*
(2) *Cours élémentaire de droit romain,* p. 270.
(3) Paul, *Sentences,* liv. II, tit. XXVI, § 15.

incesti uxorem ducere licet, sicut nec amitam nec ma-
terteram (1). Quoique le jurisconsulte ne parle ici que de
l'homme, nous avons vu qu'il est hors de doute que
la femme doit être punie de la même peine que lui.

Ce qui le prouve également, c'est le premier texte de
Paul, que je reproduis maintenant en son entier : *Incesti*
pœnam, quæ in viro in insulam deportatio est mulieri
placuit remitti, hactenus tamen quatenus lege Julia de
adulteriis non apprehenditur.

Ces derniers mots prévoient précisément notre hypothèse, et nous indiquent qu'il y a des cas où la femme
encourt la peine de l'inceste ; les premiers mots du paragraphe en indiquent d'autres, au contraire, où on lui
en fait grâce.

On peut comprendre, en effet, comment il pourrait
arriver que l'homme fût puni sans la femme, et ce cas
me paraît être celui que prévoit la première phrase du
§ 5 du titre XIX, que j'ai cité. Un homme s'est uni avec
sa bru, après la mort de son fils, en ce cas il n'y a plus
adultère. Le beau-père seul est puni, mais la peine est
remise à la femme. Aussi le premier texte de Paul et le
texte de Papinien, qui y a rapport, supposent évidemment, à mon avis, que, dans les cas qu'ils prévoient,
pour que la femme soit punie, il faut que son mari vive
encore. Cette solution ne contredit en rien celle que
donne le § 15 du titre XXVI des sentences de Paul, et
jusqu'à présent les deux textes peuvent parfaitement se
concilier. Puis, à la fin du § 5, Paul ajoute ces mots :
Sed qui vel cognatam contra interdictum duxerit, re-
misso mulieri juris errore, ipse pœnam adulterii lege

---

(1) Paul, *Sentences*, liv. II, tit. XIX, § 5.

Julia patitur, *non etiam ducta*, et nous voyons, au § 14 du titre XXVI du même livre, que la peine est ici de la relégation.

C'est là qu'on pourrait voir une certaine contradiction avec le § 15. Mais je crois qu'elle n'est qu'apparente. Il me semble que Paul, dans le § 5, prévoit deux cas bien distincts. Dans le premier, l'inceste est grave, il est commis sur de proches alliés, il doit être puni plus sévèrement ; aussi, nous dit-il, que celui qui le commet encourt la déportation. Dans le second, il ne s'agit plus que d'une parente, *cognatam*, d'une relation plus éloignée. La peine, pour l'homme, est moins grave, c'est la relégation ; quant à la femme, on ne la punit pas, *remisso juris errore*, car, comme nous le dit Papinien (1) : *Nam si sola juris nostri observatio interveniet, mulier ab incesti crimine erit excusata.* Nous voyons donc que les deux textes s'expliquent parfaitement et s'adaptent chacun à des hypothèses différentes. Dans le § 5, première phrase, l'homme a commis un inceste grave et un adultère ; il est puni de la peine de l'inceste, de la déportation, et la femme encourt la même peine que lui ; ce que nous donne à entendre la seconde partie du § 15. La première partie de ce paragraphe prévoit le cas où l'homme a commis le même inceste que précédemment, mais lui seul est puni, car il n'y pas d'adultère de la part de la femme.

Enfin, l'inceste est commis par quelqu'un sur une parente naturelle plus éloignée ; en ce cas, comme le crime est moins grand, la peine n'est plus que de la relégation, et la femme ne la subit pas ; c'est ce que nous

---

(1) Loi 38, § 2, au Digeste, *ad legem Juliam, de adulteriis.*

disent la seconde phrase du § 5 et le § 14 du livre II, titre XXVI, combinés.

Telles étaient les peines que l'inceste encourait, à l'époque classique. Mais le christianisme en augmenta les rigueurs. Aussi nous voyons Justinien punir l'inceste de l'exil et de la dégradation militaire, si le coupable porte les armes; on va même, lorsqu'il est d'une condition misérable, jusqu'à le flageller. Les femmes seront soumises à ces peines comme les hommes, si elles commettent le crime, en connaissance de cause (1). Plus tard, l'empereur prononce la peine de mort contre ceux qui, désormais, contracteront des unions incestueuses (2). Nous avons vu que les peines étaient également pécuniaires.

En effet, comme le mariage, s'il avait lieu, était nul, il ne pouvait pas y avoir de dot : celle-ci devenait caduque, ainsi que nous l'apprend Papinien. Paul nous dit qu'elle sera confisquée (3); voilà pour l'époque classique. Plus tard, une constitution d'Arcadius et d'Honorius décide également que la dot sera confisquée : *Juxta jus antiquum, fisci nostris commodis cedat* (4). Les empereurs Valentinien, Théodose et Arcadius étendirent cette confiscation à la donation anténuptiale et même, en général, à toutes libéralités faites par l'un des époux à l'autre (5). Justinien redouble de sévérité et prononce, contre le coupable d'inceste, la perte et la con-

---

(1) Novelle 12, ch. i, et authent. *Incestas,* au Code, *de incestis et inutilibus nuptiis.*
(2) Novelle 134.
(3) Papinien, loi 64, *de ritu nuptiarum*; Paul, loi 52, *id.,* au Dig.
(4) Loi 6, au Code, *de incestis et inutilibus nuptiis.*
(5) Loi 4, au Code, *de incestis et inutilibus nuptiis.*

fiscation de tous ses biens. Cette peine s'applique indis-
tinctement aux femmes comme aux hommes, ainsi que
cela résulte de l'authentique *Incestas* que j'ai déjà
citée.

Au milieu de toutes ces rigueurs, nous pouvons déjà
soupçonner que les droits des enfants qui sont le produit de ces unions incestueuses, s'ils en ont toutefois,
doivent être bien restreints. Quant aux aliments, d'a-
bord, il est évident qu'à l'époque des jurisconsultes,
tout au moins, ils pouvaient en réclamer de leur père ;
mais il fallait, pour cela, qu'ils eussent prouvé la paternité de celui de qui ils les réclamaient. Ce peut être
sujet à controverse ; on m'opposera avec beaucoup de
force maintenant le texte d'Ulpien, qui dit que le père
n'est tenu de nourrir sa fille que lorsqu'elle est *juste
procreata* (1), et on le généralisera, comme on l'a déjà
fait plus haut, pour en tirer un argument qui, ici, je le
reconnais, aura plus de valeur encore. Toutefois, on
peut dire que le rescrit d'Antonin, qu'Ulpien cite,
peut n'être qu'une espèce particulière, une exception à
la règle générale, et qui ne doit en rien influer sur les
principes que nous tirons de la loi naturelle et du droit
romain ; pour moi, malgré ce texte, j'aime mieux m'en
tenir à ses principes, auxquels Ulpien lui-même rend
hommage, dans le § 1 de la même loi (2).

La mère incestueuse, au temps des jurisconsultes, devait, sans contestation aucune, fournir des aliments à
ses enfants ; car, selon le droit romain, la maternité est

---

(1) Loi 5, § 6, Digeste, *de agnoscendis et alendis liberis.*
(2) J'ai cité cette loi, lorsque j'ai discuté plus haut la question de savoir si les enfants issus du concubinat peuvent obtenir des aliments de
leur père.

toujours certaine. La loi 5, § 4, que j'ai déjà citée, doit certainement s'appliquer aux enfants incestueux.

Quoi qu'il en soit, nous voyons la législation des Novelles frapper ces enfants avec une grande sévérité. L'authentique *Ex complexu* leur refuse positivement le droit de réclamer des aliments de leur père : *Ut nec alantur a patre* (1). Ce texte pourrait me fournir un argument pour prouver que les enfants incestueux eux-mêmes avaient droit avant lui à des aliments de la part de leur père. Mais ceux que j'ai donnés me paraissent suffire, et je n'établis avec ce texte que ce qui en ressort directement. Quant à la mère, nous ne voyons aucun texte que je sache du moins, changer la législation antérieure; elle sera donc toujours tenue, vis-à-vis de ses enfants incestueux, à la dette alimentaire.

Lorsque l'enfant incestueux était parvenu à prouver la paternité de tel ou tel homme, rien ne s'opposait à ce qu'on suivit les règles relatives à la tutelle et à la curatelle, que nous avons expliquées à propos des enfants issus du concubinat.

Au temps des jurisconsultes, les enfants incestueux pouvaient-ils avoir droit à la succession *ab intestat* de leurs parents? Les textes sont muets sur ce point, mais je pense que les rigueurs qu'on déployait contre les auteurs du crime devaient s'étendre aussi sur les enfants. Nous avons vu, jusqu'à présent, que ce mode de procéder est familier à la législation romaine.

On peut encore tirer, mais pour la succession de la mère seulement, un argument *a contrario* du § 3 du S .-C.

---

(1) Loi 6, 2ᵉ authent., au Code, *de incestis et inutilibus nuptiis.* Voir aussi la novelle 89, ch. xv.

Orphitien; car on peut dire, puisque ce paragraphe appelle à la succession *ab intestat* de la mère, les enfants issus du concubinat et les *vulgo quæsiti*, *à contrario*, il exclut les enfants *ex nefario coitu nati;* et, en se fondant là-dessus, on peut dire qu'*à fortiori* ils ne doivent avoir aucun droit sur la succession *ab intestat* de leur père, puisque toujours nous voyons les enfants naturels mieux traités, pour ce qui regarde leurs droits sur la succession de leur mère.

Au temps du Bas-Empire, il va sans dire que ces rigueurs furent maintenues, car nous n'avons aucun texte qui accorde aux enfants incestueux un droit quelconque sur la succession *ab intestat* de leurs parents.

Il est très-probable que les enfants incestueux, primitivement, eurent droit à la succession testamentaire de leur père, comme tout étranger y aurait eu droit, car la règle posée par la loi des Douze Tables, était aussi générale et aussi absolue que possible. Nous ne voyons également aucun texte qui puisse nous indiquer si ce droit de disposer du père de famille avait été restreint, quand il voulait le faire au profit d'un enfant incestueux ; par conséquent, on ne peut encore que se livrer à des conjectures sur ce point. Pour mon compte, je pense, pour la même raison, qu'il devait en être ici comme en matière de succession *ab intestat*.

Je pourrais d'ailleurs citer un texte qui, sans avoir un rapport direct à la question, prouve au moins que, pour les mariages incestueux ou adultérins, on développait une grande sévérité, et que ce qui était donné par testament était confisqué. On demande à Papinien si un homme, condamné comme adultère, peut laisser quelque chose à la femme avec laquelle il a commis l'adultère et qu'il a épousée par la suite. Le jurisconsulte répond :

Neque tale matrimonium stare, neque hereditatis lucrum ad mulierem pertinere, sed quod relictum est ad ficium pervenire.

On le voit, tout était confisqué en ce cas, mais pouvons-nous en induire que la confiscation aurait également eu lieu en cas d'inceste et de testament fait en faveur des enfants issus de cette union ? Je le pense, quoique cependant aucun texte à ma connaissance ne le prouve (1).

Ce que nous venons de dire du testament du père incestueux doit s'appliquer évidemment à la mère incestueuse *sui juris* qui a pu faire un testament.

Les enfants incestueux furent assurément englobés dans la proscription générale qui marqua l'avénement du christianisme et qui frappa tous ceux qui n'étaient pas le produit de justes noces. Par conséquent, il est évident que depuis cette époque leur incapacité est absolue. Nous voyons d'ailleurs Justinien édicter formellement des défenses très-sévères de leur laisser quoi que ce soit, par testament ou *ab intestat.*

Ainsi les Instituts, § 28 *de legatis*, défendent d'instituer un posthume externe qui devait naître d'une femme : *quæ uxor esse non potest* et qui était des œuvres du testateur. Ce texte, dans sa généralité, peut s'appliquer aux

---

(1) Nous avons cependant un texte de Paul qui, en cas d'adultère, est assez concluant. C'est le § 1 de la loi 9, au Digeste, *de liberis et posthumis.* Le voici : *Sed si ex ea quæ alii nupta sit, posthumum quis hæredem instituerit : ipso jure non valet quod turpis sit institutio.* La raison que donne ce texte peut parfaitement s'appliquer au cas d'inceste, car il est évident que l'institution sera tout aussi *turpis* dans ce cas que dans celui d'adultère. On peut donc en conclure que le testament fait au profit d'enfants incestueux était également annulé à l'époque des jurisconsultes.

posthumes incestueux ; car, dans ce cas, le posthume naîtra d'une femme *quæ uxor esse non potest.*

La paraphrase de Théophile donne une version différente de celle que je viens d'adopter. Ce professeur pense qu'il s'agit ici de l'enfant de la femme que le testateur ne peut épouser et d'un autre que lui; mais, si cette interprétation était la vraie, il en résulterait que le testateur ne pourrait jamais rien laisser aux enfants de ses plus proches parents, ce qui est inadmissible.

Avant Justinien, nous voyons les empereurs Arcadius et Honorius, dans une constitution qui forme la loi 6, au Code, *de incestis et inutilibus nuptiis,* défendre, de la manière la plus formelle et sous peine de confiscation, de laisser quoi que ce soit dans son testament à ses enfants incestueux. Il en est de même pour les successions *ab intestat.* Ces enfants en sont totalement écartés au profit des enfants et des parents légitimes et, s'il n'en a pas, le fisc s'emparerait des biens : *Quibus non extantibus fisco defertur (substantia),* dit l'authentique *Incestas* qui suit la loi. La novelle 74 de Justinien, chapitre vi, renouvelle la même prohibition en termes formels : *Si quid autem præter hæc fiat, non tamen ex conscripta procedat copulatione, erunt naturales et quæ a nobis largita sunt naturalibus, sive ex testamento, sive ab intestato, potientur. Eos enim, qui, semel ex odibilibus nobis et propterea prohibitis nuptiis procedunt, neque naturales vocari, neque participanda eis ulla clementia est.* La novelle 89, ch. xv, est concue en termes tout aussi précis. Il est vrai que la novelle 12, ch. iii, semble contredire cela, mais on peut facilement expliquer les avantages qu'elle semble offrir aux enfants incestueux.

C'est une loi de transition. Cette disposition a été faite pour engager ceux qui, avant la promulgation de la novelle, vivaient dans l'inceste, à se séparer. Au reste, elle n'affecte en rien la prohibition de la novelle 89, car celle-ci lui est postérieure de plusieurs années.

§ 3. — CONDITION ET DROITS DES ENFANTS ADULTÉRINS.

L'adultère avait lieu quand l'une des deux personnes qui s'unissaient, ou toutes les deux, étaient mariées. Les lois 6, § 1 et 34, *ad legem Juliam, de adulteriis,* lois que j'ai déjà citées à propos du *stuprum,* nous indiquent en quoi consistait l'adultère à Rome. La loi Julia, *de adulteriis,* rendue sous le règne d'Auguste, avait réglementé cette matière, indiqué les cas où il y avait adultère et ceux qui devaient y être assimilés, la peine dont étaient passibles ceux qui s'en rendaient coupables et enfin la manière d'intenter l'action en adultère et la procédure à suivre pour arriver à la condamnation.

Je ne veux pas entrer dans le commentaire de tous ces points, commentaire que faciliteraient, du reste, les deux titres que nous avons sur cette loi au Digeste et au Code de Justinien : ce serait sortir des bornes que je me suis assignées dans cette étude.

Je me contenterai de dire qu'à Rome la bigamie était considérée comme une espèce d'adultère et était punie des mêmes peines (1); qu'il y avait également adultère, quand deux hommes seulement fréquentaient la même femme mariée, mais que l'adultère n'avait plus lieu quand il y avait plus de deux hommes (2); la femme devenait alors *meretrix.*

---

(1) Loi 2, *de incestis et inutilibus nuptiis,* au Code.
(2) Paul, *Sentences,* liv. II, tit. XXVI, § 10.

Un mari, qui servait d'entremetteur à sa femme, ou qui la gardait après l'avoir surprise en adultère, était puni par la loi Julia (1).

Il en était de même de l'homme qui épousait une femme condamnée pour adultère (2). On pourrait multiplier les cas où il y a adultère, ou tout au moins crime encourant même punition que l'adultère.

La peine de l'adultère était pécuniaire et corporelle, ainsi que nous l'apprend Paul, dans le passage suivant de ses Sentences : *Adulterii convictas mulieres dimidiæ parte dotis et tertiæ parte bonorum, ac religatione in insulam placuit coerceri ; adulteris vero viris, pari in insulam relegatione, dimidiam bonorum partem auferri, dummodo in diversas insulas relegentur* (3).

Le crime d'adultère ne pouvait pas être commis quand un homme ou une femme mariée avait des relations avec des esclaves. Aussi le coupable ne tombait-il pas sous le coup de la loi Julia, mais le propriétaire de l'esclave avait, pour faire réparer le dommage causé, l'action de la loi Aquilienne ou bien l'action *de servo corrupto* (4).

Le mari seul peut accuser sa femme d'adultère, la femme n'a pas ce droit (5). Quand le mari a tué le complice, il faut distinguer quelle est la condition de celui-ci : s'il est de basse condition ou esclave, il a pu le faire, autrement, il ne le pouvait pas (6). Il faut encore distinguer où il l'a tué.

---

(1) Ulpien, loi 2, § 2, au Digeste, *ad legem Juliam de adulteriis*.
(2) Loi 9, au Code, *ad legem Juliam de adulteriis*.
(3) Paul, *Sentences*, liv. II, tit. XXVI, § 14.
(4) Loi 6, P., au Digeste, *ad legem Juliam de adulteriis*.
(5) Loi 1, au Code, *ad legem Juliam de adulteriis*.
(6) Paul, *Sentences*, liv. II, tit. XXVI, § 4.

Est-ce chez lui ? il en a le droit (1), quelle que soit sa condition. Est-ce hors de chez lui ? il n'en a plus le droit. Toutefois, à raison de sa douleur, on doit lui infliger une peine plus douce (2). Il en est de même quand il tue sa femme avec son complice, pris tous deux en flagrant délit d'adultère (3). Il doit, dès qu'il a pris sa femme sur le fait, la renvoyer, sinon on peut l'accuser de faciliter la débauche de sa femme (4).

Enfin il a un certain délai pour intenter l'action ; ce délai passé, tout le monde peut le faire (5). Toutefois cette action se prescrit par le laps de cinq ans. Une fois que cette prescription lui est acquise, la femme ne peut plus être inquiétée (6).

Tels sont les principaux traits de l'adultère et de l'action qui servait à rechercher ce crime et à le punir, à l'époque des jurisconsultes. Mais Constantin aggrava singulièrement la peine qu'encouraient l'épouse adultère et son complice, puisqu'il les condamne à mort tous les deux (7). Justinien confirma cette peine dans ses Instituts (8); mais il semble être revenu de cette rigueur dans la novelle 12, chap. 1, qui comprend l'inceste et l'adultère, et que j'ai citée plus haut.

Si, maintenant, nous passons aux droits des enfants adultérins, soit aux aliments du vivant de leurs père et mère, soit sur leur succession *ab intestat* ou testamen-

---

(1) Paul, *Sentences, eodem loco*, § 7.
(2) Loi 4, au Code, *ad legem Juliam de adulteriis*.
(3) Paul, *Sentences, eodem loco*, § 5.
(4) Paul, *eodem loco*.
(5) Loi 6, au Code, *ad legem Juliam de adulteriis*.
(6) Loi 5, *eodem loco*.
(7) Loi 30, *eodem loco*.
(8) Livre IV, tit. XVIII, § 4.

taire, je ne crois pouvoir mieux faire, pour en déterminer la nature, l'étendue et les limites, soit sous la législation des jurisconsultes, soit sous celle du Bas-Empire,
que de renvoyer à ce que j'ai dit à propos des enfants
incestueux. Ces deux classes d'enfants ont des droits
absolument identiques. Ils sont rangés dans la même
catégorie, et tout ce qui s'applique aux uns peut également s'appliquer aux autres. Je dois même faire remarquer que plusieurs des dispositions, que j'ai appliquées
aux enfants incestueux, étaient édictées spécialement
pour les enfants adultérins.

CHAPITRE III.

Modes de légitimation.

Il me reste, pour compléter l'étude que je me suis proposé de faire sur les enfants naturels à l'époque romaine,
de voir par quels moyens les parents désireux de réparer
leur faute, pouvaient effacer sur le front de leurs enfants
la flétrissure que leur naissance illicite y avait imprimée.
Le seul moyen offert au père, dans l'ancien droit romain,
pour rendre son enfant légitime et *hœres suus*, était de
l'adroger avec son consentement, ainsi que nous le dit
Modestin : *Inviti filii naturales non rediguntur in pa-
triam potestatem* (1).

Une constitution d'Anastase, qui reconnaît et confirme la légitimation par mariage subséquent, semble
dire que désormais l'on ne pourra plus employer l'adro-

---

(1) Loi 2, au Digeste, *de his qui sui vel alieni juris sunt.*

gation pour légitimer ses enfants naturels. Toutefois, il est certain que cette prohibition, vaguement formulée du reste, ne fut pas observée; et nous voyons la légitimation se faire, comme auparavant, au moyen de l'adrogation jusqu'à Justin, qui confirme bien toutes les adrogations faites depuis Anatase, mais qui défend, de la manière la plus formelle pour l'avenir, ce mode de légitimation : *Arrogationes ulterius minime ferendæ sunt* (1).

Cette dernière constitution nous apprend également que, sous les empereurs chrétiens au moins, les enfants issus du concubinat seuls pouvaient être légitimés : *Naturalibus insuper filiis et filiabus et cujuslibet mulieris cupidine non incesta non nefaria procreatis*, etc.

Ainsi le seul mode de légitimation en usage au temps des jurisconsultes finit par être proscrit sous les empereurs chrétiens, mais d'autres le remplacent. Nous voyons d'abord naître la légitimation par mariage subséquent, puis la légitimation par oblation à la curie. Enfin, dans ses novelles, Justinien leur adjoint deux modes nouveaux : la légitimation par rescrit du prince et la légitimation par testament.

Ce sont ces quatre modes de légitimation que je vais étudier maintenant.

1° *Légitimation par mariage subséquent.* Ce mode de légitimation fut institué par Constantin; mais la constitution de ce prince ne nous est pas parvenue, et nous n'en connaissons l'existence que par une constitution de l'empereur Zénon, qui édicte que ceux qui auront, au moment de sa promulgation, des enfants naturels, pourront les

_____

(1) Lois 6 et 7, au Code, *de naturalibus liberis*.

légitimer. *Si voluerint eas uxores ducere quæ antea fuerunt concubinæ* (1). Cette disposition, on le voit, est donc essentiellement transitoire, et pour arriver à l'établissement fixe et perpétuel de ce mode de légitimation, il nous faut chercher une constitution de l'empereur Anastase (2). Justinien renouvelle et confirme cette décision dans deux constitutions que nous voyons au Code (3).

Recherchons maintenant quelles étaient les conditions requises pour que ce mode de légitimation fût possible.

Anastase dit : *Jubemus eos quibus nullis legitimis existentibus liberis.* Ainsi, d'après lui, la première condition pour que ce mode de légitimation soit possible, c'est qu'il n'existe aucun enfant légitime d'un précédent ou subséquent mariage.

Sous Justinien, cette condition n'est plus exigée; c'est lui-même qui nous l'apprend dans la novelle 12, chap. IV.

Une autre condition, qui fut toujours en vigueur, c'est que le mariage eût été possible entre le concubin et la concubine au moment de la conception de l'enfant. Le § 13, *de nuptiis*, aux Instit., semble bien dire cela dans ce membre de phrase : *Nec non is qui a muliere libera procreatus cujus matrimonium minime legibus interdictum fuerat.* Ce qui m'autorise à l'interpréter ainsi, ce sont ces paroles de Justinien qui ne laissent aucun doute : *Si quis mulierem in suo contubernio collocaverit, non ab initio adfectione maritali (eam tamen*

---

(1) Loi 5, au Code, *de naturalibus liberis.*
(2) Loi 6, *eodem loco.*
(3) Lois 10 et 11, *eodem loco.*

*cum quâ poterat habere connubium) et ex ea liberos
sustulerit*, etc. (1). Il suit de là que toutes les fois que
le mariage n'aura pas été possible au moment de la conception, l'enfant ne pourra pas être légitimé. C'est ce
qui aura lieu pour l'enfant incestueux ou adultérin,
pour l'enfant né d'un gouverneur de province et de la
femme du pays, dont il aura fait sa concubine.

Une troisième condition est que la mère soit libre.
Constantin et Zénon, disent *ingenua*, Justinien *libera*;
mais il est évident que ces mots expriment la même
idée. Justinien, dans ses novelles, abroge cette condition, puisqu'il permet à l'homme qui a eu des enfants
d'une affranchie et même d'une esclave, de les légitimer (2). On peut remarquer que cette concession de
Justinien forme une exception à la condition qui consiste dans l'existence du *connubium* entre les deux
parties au moment de la conception de l'enfant.

La quatrième condition nécessaire, on peut même
dire la seule essentielle, c'est qu'il y ait un *instrumen-
tum dotale*. La passation de cet acte et sa rédaction était
le seul moyen de prouver que les *justæ nuptiæ* avaient
succédé au concubinat. Toutes les constitutions précitées
le redisent à satiété et en exigent la confection dans les
termes les plus positifs. Toutefois, je crois qu'on peut
ici appliquer l'exception qu'édicte la novelle 74, chapitre iv, § 3, et que la rédaction de l'*instrumentum
dotale* ne sera pas nécessaire pour légitimer les enfants
naturels des personnes d'humbles conditions, tels que
les militaires appelés *caligati* et les laboureurs.

---

(1) Loi 11, au Code, *de naturalibus liberis*.
(2) Novelle 18, ch. xi, et novelle 78, ch. iii et iv.

Enfin la cinquième condition était le consentement des enfants. C'était un point constant dans l'ancien droit, alors que le seul mode de légitimation possible était l'adrogation.

Sous Justinien, en principe, cette condition existe encore : *Generaliter autem, in omnibus qui deducuntur ad legitimum jus, tunc hoc volumus obtinere dum et filii hoc ratum habuerint* (1). Mais, en fait, il suffisait que l'enfant ne manifestât pas une volonté contraire, en sorte que nous voyons légimiter des enfants naturels *infantes* et incapables par conséquent de donner ou de refuser leur consentement (2). Cette légitimation avait des effets très-étendus, et nous voyons toutes les dispositions qui en parlent, assimiler complétement les enfants ainsi légitimés aux véritables enfants légitimes. Par conséquent ils entrent dans la famille de leur père, comme ces derniers, et jouissent des mêmes droits et avantages. Si donc l'enfant légitimé a lui-même des enfants légitimes, ils viendront, à son défaut, à la succession de leur aïeul, comme y viendraient les petits-enfants issus d'un fils légitime.

De même, l'enfant légitimé viendra à la succession de son aïeul, comme y viendrait l'enfant légitime lui-même. Au reste, nous avons, à cet égard, un texte qui ne peut pas laisser l'ombre d'un doute : *Circa naturalium successionem*, dit, en effet, Justinien, *non laboravimus : semel enim eos efficientes legitimos, damus habere etiam successiones illas quas habeant ii qui ab initio legitimi sunt* (3).

---

(1) Novelle 89, ch. xi.
(2) Voir l'ouvrage de M. Demangeat, p. 286, *in fine*.
(3) Novelle 89, ch. viii, *Princi io*.

Cette légitimation avait lieu et produisait son effet, que le mariage qui en était la cause fût fécond ou non : *Quam legem,* dit encore Justinien (1), *quidam putave-runt sic interpretari : ut sive non progeniti fuerint post dotem conscriptam liberi, sive jam ab hac luce subtrac-*

---

(1) Loi 11, au Code, *de naturalibus liberis.* Voir aussi loi 10, *eodem titulo.* Ce sont ces constitutions dont Justinien veut parler, lorsqu'il dit, à la fin du § 13, *de nuptiis,* aux Instituts : *Quod et aliis liberis qui ex eodem matrimonio postea fuerint procreati similiter nostra consti-tutio prœbuit.*

Toutefois, si tous les interprètes sont d'accord sur ce point, ils sont loin de l'être sur le sens de cette phrase qui est cependant celle que donnent les manuscrits. Quelques auteurs la déclarent incompréhen-sible et pensent que le texte primitif a été corrompu. Ils proposent alors, chacun, une rectification plus ou moins bien fondée sur d'autres textes.

Cujas, et après lui, M. Pellat, dans son *Manuale juris synopticum,* pensent qu'il faut la rectifier ainsi : *Quod et si alii liberi ex eodem ma-trimonio postea fuerint procreati,* etc.

Alors la phrase des Instituts aurait ce sens : La constitution accorde le bénéfice de la légitimation aux enfants naturels, même au cas où il naîtrait du mariage, ainsi contracté, des enfants légitimes. Cette inter-prétation est fondée sur ces paroles de Justinien, tirées d'une des cons-titutions qu'il cite : *Ne posteriores liberi, qui post dotem editi sunt, sibi omne paternum patrimonium vindicare audeant, quasi justi et in potes-tate effecti, fratres suos, qui ante dotem fuerant nati ab hœreditate pa-terna repellentes : hujusmodi iniquitatem amputandam censemus.* (Loi 10, au Code, *de naturalibus liberis.*)

Hotman n'a pas trouvé cette correction satisfaisante, et il en a pro-posé une autre que voici : *Quod et si nulli alii liberi ex eodem matri-monio fuerint procreati,* etc. Elle signifie, on le voit, précisément le contraire de la version de Cujas. Cette interprétation s'accorde par-faitement avec un passage du § 2 du titre : *De hœreditatibus quœ ab in-testato deferuntur,* aux Instituts, où Justinien, après nous avoir dit que les enfants naturels deviennent légitimes par le mariage, ajoute : *Quod obtinere censuimus etiamsi non progeniti fuerint post dotale instrumen-tum confectum liberi,* et avec le passage de la loi 11 que j'ai cité au texte,

li, non anteriores filios justos haberi nisi utroque tem-
pore viventes et superstites liberi inveniantur quorum
supervacuam subtilitatem penitus inhibendam cense-
mus.

Enfin, la correction la plus ingénieuse de toutes, est celle proposée par Bynkersh, qui consiste à ne changer qu'une lettre dans tout le cours de la phrase : *Quod ut aliis liberis qui ex eodem matrimonio fuerint procreati.* Le sens alors serait : Ce que notre constitution leur accorde, aussi bien qu'aux autres enfants qui naîtraient du même mariage.

Cette correction, quoique ne reposant sur aucun texte, me paraît la plus plausible de toutes, et, sans aucun doute, ce serait celle que j'adopterais, s'il m'était démontré que la phrase, telle que la donnent les manuscrits, n'a aucun sens ; mais il n'en est rien, et les commentateurs français modernes ont essayé d'interpréter cette phrase et de lui donner un sens, en l'acceptant telle qu'elle est.

D'un côté, Ducaurroy la traduit d'une manière, de l'autre, MM. Ortolan, tome III, p. 104, et Demangeat, tome I, p. 287, ont donné une version opposée.

Selon Ducaurroy, elle signifie que le bienfait de la légitimation doit être étendu aux enfants qui, conçus avant le mariage, sont nés après. Cette interprétation s'appuie sur ces mots de Justinien (Novelle 89, ch. VIII, § 1) : *Quod si, ante dotalia conceptus quidem est filius, natus autem post dotalia, auxiliator sui sit... Cum enim dubitaretur utrum oporteat conceptus an partus respici tempus, sancimus ut non tempus conceptus, sed partus inspiciatur, propter filiorum utilitatem.*

Je ne crois pas que cette interprétation soit la bonne, car elle a le tort de réduire à une hypothèse tout à fait particulière la règle générale que semble poser la phrase citée. En outre, les Instituts et la paraphrase de Théophile semblent bien indiquer qu'il peut s'agir, non pas seulement d'un seul enfant, ainsi que Ducaurroy le suppose, mais de plusieurs enfants. Ces raisons me font repousser cette interprétation et adopter en conséquence l'autre qui nous est proposée par MM. Ortolan et Demangeat.

Selon ces auteurs, l'idée de Justinien est que la constitution, en attachant au mariage un effet de légitimation pour les enfants antérieurs, profite même aux postérieurs, parce qu'elle les fait naître légitimes, car si le mariage n'avait pas été un moyen de légitimation, le concubin et la concubine ne se seraient peut-être jamais mariés, et les enfants qui sont nés légitimes seraient nés naturels.

2° *Légitimation par oblation à la curie* (1). Si on peut, jusqu'à un certain point, dire que l'idée chrétienne a été la cause du mode de légitimation précédent, il est sûr que le point de vue qui a fait créer celui que nous allons étudier maintenant est tout différent.

La curie composant le sénat de toutes les villes qui jouissaient de leur autonomie, la dignité de curiale fut d'abord très-recherchée, car elle comportait de grands honneurs et de remarquables prérogatives. Mais, lorsque l'empire chancela sur sa base, lorsque, par suite des

---

Cette idée était celle de Zénon, ainsi que nous le prouvent les mots qui commencent la loi 5, au Code, *de naturalibus liberis* : *Divi Constantini super ingenius concubinis ducendis uxoribus filiis quin etiam ex iisdem* vel ante matrimonium vel postea progenitis, *suis ac legitimis habendis....*, etc.

Justinien n'a donc fait que développer cette pensée, lorsqu'il a dit, loi 10, *eodem loco* : *Cum enim adfectio prioris sobolis et ad dotalia instrumenta efficienda et ad posteriorem filiorum edendam progeniem præstiterit occasionem quomodo non est iniquissimum ipsam stirpem secundæ posteritatis priorem quasi injustam excludere ; cum gratias agere fratribus suis posteriores debeant quorum beneficio ipsi sunt justi filii et nomen et ordinem consecuti.*

Nous voyons l'empereur insister encore sur ce point et le développer, non-seulement dans la loi 11 qui suit, mais même dans ses novelles qui ont trait au sujet qui nous occupe.

Cette interprétation, comme toutes les autres, se fonde donc sur des textes précis, mais elle a sur elles un avantage immense, celui de ne pas altérer le texte, ce qui doit, sans hésitation, la faire préférer. Il est vrai que celle de Ducaurroy offre le même avantage, mais j'espère avoir démontré pourquoi celle que j'adopte est préférable.

(1) Si, contrairement à l'ordre suivi par Justinien dans la novelle 89, où il énumère les différents modes de légitimation, je place l'oblation à la curie au second rang, je ferai remarquer que c'est uniquement pour me conformer à l'ordre historique de création de ces modes de légitimation. En effet, nous voyons par la constitution de Zénon, que ce fut Constantin qui créa la légitimation par mariage subséquent, tandis que celle par oblation à la curie ne fut guère créée qu'un siècle après, en 442, par les empereurs Théodose et Valentinien.

attaques incessantes des barbares et de la corruption
des mœurs, une désorganisation générale vint arrêter
ou tout au moins ralentir les rouages administratifs qui
faisaient la force de l'empire; cette fonction, d'honorable qu'elle était d'abord, devint de plus en plus lourde
et onéreuse à ceux qui en étaient investis. En effet, les
charges qui incombaient aux curiales, légères quand
tout marchait bien, devinrent intolérables, par suite du
désordre et du malaise qui avaient gagné toutes les classes
de la société à cette époque.

Ainsi, d'un côté, les impôts ordinaires qu'ils perce-
vaient et dont ils garantissaient la quotité sur leur fortune
personnelle, ne se recouvraient plus que difficilement (1).
De l'autre, les impôts extraordinaires, dont ils étaient
chargés, devenaient de jour en jour plus fréquents, entre autres *l'aurum coronarium* (2). Ces vexations, et d'autres encore, s'aggravant de plus en plus, rendirent bientôt
la situation impossible à tenir, et chacun repoussa
avec terreur une charge qu'on recherchait jadis si avidement. Ceux qui en étaient investis essayaient, par
tous les moyens possibles, de rejeter loin d'eux cet
écrasant fardeau, mais la loi les maintint sous son joug
de fer. Tous ceux qui possédaient une certaine fortune territoriale ne purent échapper à la curie (3), et
une fois là, ils ne pouvaient plus vendre leurs biens qui
étaient la caution des engagements, qu'ils étaient censés
avoir contractés, en devenant membres de la curie (4).

---

(1) Loi 18, Dig., § 26, *de muneribus et honoribus.*
(2) Loi 3, au Code Théodos., *de auro coronario.*
(3) Loi 33, au Code Théodos., *de decurionibus.*
(4) *De prædiis decurionum sine decreto non alienandis,* au Code de
Justinien.

. Néanmoins, malgré toutes ces mesures coercitives et précisément peut-être à cause d'elles, la curie se dépeuplait de jour en jour, et la perception, si commode, des impôts se trouvait compromise par suite de l'absence des percepteurs naturels (1).

Frappés de cet état de choses, qui, en se continuant, menaçait de tarir une des sources les plus assurées de leur revenu, les empereurs Théodose et Valentinien comprirent qu'il fallait, par toutes espèces d'expédients, faciliter l'admission à la curie de toute personne qui consentirait à en assumer sur elle les charges. Ce fut alors qu'ils imaginèrent le mode de légitimation par oblation à la curie (2).

Il consista à offrir ses enfants naturels à la curie, et à s'engager à leur faire remplir la condition de curiale, avec tous les devoirs et charges qu'elle impose. Quant aux filles, on pouvait également les légitimer par ce moyen ; mais alors, il suffisait de les marier à un curiale : *Quid enim interest utrùm per filios an per generos commoditatibus civitatum consulatur ?* dit la constitution.

Les conditions de ce genre de légitimation étaient les suivantes. Il faut que celui qui veut en user, n'ait point de descendants légitimes, mais cette première condition disparut sous Justinien : *Quoniam omnimodo favendum est curiis civitatum* (3), paroles expressives qui nous montrent bien qu'à cette époque, on en était réduit aux expédients pour recruter le corps des curiales.

---

(1) Cette idée est exprimée avec beaucoup de force dans une constitution des empereurs Léon et Majorien. Novelles de Majorien, tit. VII, *de curialibus.*

(2) Leur constitution forme la loi 3, au Code, *de naturalibus liberis.*

(3) Loi 9, § 3, au Code, *de naturalibus liberis.*

L'oblation devait se faire à la curie de la ville natale du père naturel ou à celle de la ville dont relevait sa résidence.

S'il était né à Constantinople ou à Rome, le père pouvait choisir la curie de toute ville métropolitaine (1).

Il fallait, pour que la légitimation eût lieu, que l'enfant y consentît; mais là, le consentement devait être effectif et ne pas consister, comme dans le mode de légitimation précédent, dans une simple non manifestation d'opposition. En effet la novelle 89, ch. vi, nous dit : *Illi vero, si voluerint, curiales fiunt* et la suite nous montre qu'ils peuvent faire leur choix entre l'acceptation et le refus, ce qui prouve bien que le consentement devait être effectif.

Les enfants naturels pouvaient eux-mêmes s'offrir à la curie après la mort de leur père, mais seulement au cas où ils n'avaient pas de frères légitimes : *Sive etiam mortuo patre semetipsum filius aut filii offerant : non existente quidem legitima sobole etiam sic erunt legitimi et curiales* (2).

On pouvait offrir, soit tous ses enfants légitimes, soit quelques-uns et même ceux qui étaient revêtus de dignités illustres, à moins que ces dignités mêmes ne les dispensassent de la curie : *Naturalium filiorum pater licentiam habebit, omnes aut quosdam ex eis offerre curiæ licet forte illustris dignitatis sint filii suscepti; nisi tamen dignitas intercesserit talis, quæ homines, licet curiales sint, ab hac fortuna liberos facit* (3).

---

(1) Loi 3, au Code, *de naturalibus liberis*; loi 9, § 3, *eodem loco*; novelle 89, ch. ii, § 2, et *Instit.*, liv. I, tit. X, § 13.

(2) Novelle 89, ch. ii, § 1.

(3) Novelle 89, *eodem loco*. Voir aussi loi 3, au Code, *de naturalibus liberis*.

La facilité de ce mode de légitimation alla jusqu'à considérer, comme suffisante, l'oblation du père dans une donation faite soit publiquement soit par écrit, à son fils. Un écrit pouvait tenir lieu de toute espèce d'oblation : *Liceat ei curiæ honore scribere eos hæredes et scriptura pro omni oblatione consistat* (1). .

Cette légitimation avait des effets moins étendus que la précédente. L'enfant ainsi légitimé n'acquérait de droit que sur la succession de son père, et il continuait, comme par le passé, à rester étranger à la famille paternelle (2). Il faut remarquer, toutefois, que quand un homme meurt, laissant des enfants légitimes et un enfant légitimé par oblation à la curie, ce dernier ne pourra prendre qu'une part égale à celle de l'enfant légitime le moins prenant (3). L'enfant, ainsi offert, tombait, à partir de son acceptation, en la puissance de son père, et cessait d'être *sui juris*. En même temps, il jouissait de toutes les prérogatives et honneurs des curiales, de même qu'il en partageait les charges et les inconvénients. L'acceptation le liait pour toujours et il ne pouvait plus abdiquer sa qualité : *Cum semel autem illi susceperint oblationem, non sinimus eos abstinere se patrum hære-diate.... Manentes itaque curiales relictam aut donatam habebunt mensuram* (4).

Dans la succession paternelle, les enfants, ainsi légitimés, avaient droit à une réserve des trois quarts, ainsi que nous le dit Justinien : *Et habeant ipsi substantiæ novem uncias, sicut pater eis distribuerit : sin autem*

---

(1) Novelle 89, ch. vi, et ch. ii, § 1.
(2) Loi 7, au Code, *de naturalibus liberis, Principio.*
(3) Loi 9, § 3, *eodem loco.*
(4) Novelle 89, ch. iii, P., et loi 3, au Code, *de eodem loco.*

eis totum relinquere voluerit adhuc faciet melius (1).

Nous voyons au chapitre 5 que ces neuf onces apparteñaient à la curie, et qu'elle les recueillait quand aucun enfant légitimé n'avait accepté la succession.

Justinien règle également la succession des enfants légitimés par l'oblation à la curie et toujours dans un sens favorable au recrutement de cette dernière. Ainsi les enfants qu'ils ont depuis leur oblation sont curiaux, comme eux ; quant à ceux qui étaient nés avant, ils ne le devenaient que s'ils acceptaient de leur plein gré la position. S'ils ne l'acceptaient pas, ils succédaient bien toujours à leur père, mais en abandonnant à la curie le quart de la succession : *Si quidem habuerit filios merito curiales constitutos : modis omnibus ei succedant.. .. si vero filios habuerit non curiales quandoque sibi progenitos tunc legitima mensura veniat ad fiscum et curiam, reliquum vero quantumcumque fuerit, ad illos filios qui curiales non sunt, accedat* (2).

Quand le curiale n'avait pas d'enfants, sa mère pouvait lui succéder et prendre quatre onces dans la succession, le reste allait à la curie. Toutefois, un parent maternel pouvait, en s'offrant à la curie, succéder aux biens qui revenaient à cette dernière, dans la succession du curiale (3).

3° *Légitimation par rescrit du prince.* Ce mode de légitimation, comme le suivant, fut établi par Justinien. Il offre un moyen au père naturel de légitimer ses enfants lorsqu'il ne peut plus le faire par mariage subsé-

---

(1) Novelle 89, ch. vi.
(2) Novelle 89, ch. v.
(3) Novelle 89, ch. v; loi 9, au Code, § 1, *de naturalibus liberis.*

quent, soit parce que sa femme est morte ou engagée
dans les ordres, ou livrée à la plus basse débauche.

Il s'adressait alors directement au prince, qui voyait
s'il y avait lieu ou non à accorder la légitimation et qui
statuait là-dessus par un rescrit adressé au père (1). Au
reste, Justinien ne fit par là que généraliser un mode
de légitimation qui, autrefois, était employé quelquefois
et par exception. Nous voyons ainsi un rescrit de Marc-
Aurèle et de Lucius Verus, son frère adoptif, conférer
la légitimation à des enfants issus d'une nièce et d'un
oncle (2).

Cette légitimation, qui était appelée à remplacer la
légitimation par mariage subséquent, devait se faire dans
les mêmes conditions et produisait les mêmes effets.

4° *Légitimation par testament.* Ce mode de légitimation fut également établi par Justinien. Il est fait pour
ceux qui, n'ayant pas pu obtenir de rescrit du prince,
manifestent dans leur testament l'intention de voir leurs
enfants légitimés. En ce cas, ceux-ci peuvent s'adresser
au prince et en obtenir le rescrit (3). Toutefois, pour
qu'ils pussent l'obtenir, il fallait que le père ne laissât
aucun enfant légitime. Il n'y avait de légitimés de cette
manière que ceux qui demandaient au prince la confir-
mation de la volonté de leur père. Enfin, dernière condition : les enfants naturels, ainsi légitimés, devaient se
contenter de ce que leur père leur donnait par testament.

---

(1) Novelle 89, ch. ix, et novelle 74, P., et ch. i.
(2) Loi 57, § 1, au Dig., *de ritu nuptiarum.*
(3) Novelles 89, ch. x, et 74, ch. ii.

DEUXIÈME PARTIE.

DE LA CONDITION

ET

DES DROITS DES BATARDS

Sur les biens de leurs père et mère

SOUS NOTRE ANCIENNE LÉGISLATION.

Il faut, pour nous rendre compte des droits que les bâtards pouvaient avoir autrefois en France, examiner quelle fut leur condition aux différentes époques de la monarchie. On peut en remarquer trois principales, dans lesquelles les droits et les conditions des bâtards nous apparaissent sous un jour tout différent. Ces époques sont l'époque franque, l'époque féodale et l'époque moderne.

CHAPITRE 1er.

Condition des bâtards dans notre ancien droit.

Si nous remontons à l'époque où les Francs ne formaient qu'une fraction de cette immense famille germaine, qui s'élança à la conquête du monde romain, nous voyons que leurs mœurs étaient relativement pures. Tous les Germains étaient monogames. Tacite nous le dit dans sa *Germanie : Singulis uxoribus contenti sunt.* Seuls, les chefs, plutôt par orgueil que par débauche, avaient plusieurs femmes. Ainsi il y avait peu ou point de bâtards parmi eux. Aucune loi d'ailleurs ne réglait leur position vis-à-vis soit de la société, soit de la famille légitime. Il est donc très-probable qu'il n'existait aucune différence entre eux et l'enfant légitime. Ils pouvaient, dans la société, prétendre aux mêmes honneurs et dans la famille aux mêmes droits que lui.

Cette confusion entre le bâtard et l'enfant légitime et cette égalité de droits, subsistèrent même longtemps parmi les Francs, après la conquête de la Gaule, alors que, corrompus par la civilisation romaine, proie facile sur laquelle ils s'étaient avidement jetés, le nombre des unions et des naissances illégitimes s'était accru dans une proportion considérable.

Ainsi se trouve justifiée cette parole de Merlin, que je rapportais au commencement de l'étude sur la condition des enfants naturels en droit romain, et la remarque que je faisais, qu'à l'origine de tous les peuples et de toutes les civilisations, les enfants naturels occupent, dans la société et dans la famille, le même rang que les enfants légitimes.

Sous les deux premières races de nos rois, ainsi que nous le dit d'Aguesseau, en sa Dissertation sur les bâtards, il en fut de même. Toutefois, à partir de ce moment, commence la distinction des classes, distinction dont on retrouverait peut-être la première origine dans la conquête et qui ne fait que s'accroître pendant cette époque et la suivante, pour tendre ensuite à s'effacer sous les efforts combinés de l'Eglise, qui proscrit le servage, et des légistes qui s'appuient sur le droit romain, pour faire, du serf affranchi, le bourgeois des temps modernes, avec toutes ses prérogatives et ses libertés.

On distingue le bâtard du roi et des grands seigneurs, des bâtards issus des gens de moindre condition. Le premier, avoué par son père, devient l'égal de ses frères légitimes, le second devient serf, et c'est le droit commun.

Il y a une foule d'exemples à citer à l'appui de ce que je viens d'avancer. Ainsi nous voyons Thierry, bâtard de Clovis le Grand, partager le royaume avec ses trois autres frères. Sigebert, bâtard de Dagobert Ier, agit de même avec Clovis, deuxième du nom, fils légitime. Bien plus, nous voyons Louis et Carloman, bâtards de Louis le Bègue, monter sur le trône à l'exclusion du fils légitime, Charles le Simple (1).

Mais, à l'avénement de la troisième race, les choses prennent un nouvel aspect. La religion a gagné du terrain et son influence de plus en plus grande se fait sentir dans la législation civile. Elle est arrivée à faire respecter les liens du mariage, si relâchés sous les deux premières races, qu'il était souvent fort difficile de distinguer la concubine de l'épouse légitime. Sa puissance maintenant, va jusqu'à faire établir une différence entre l'enfant né de l'union qu'elle condamne, et l'enfant né de celle qu'elle approuve.

« Hugues Capet considérant, dit Baquet (2), le mal
» qui autrefois était advenu à la France, de ce que les

---

(1) Cette opinion est au moins celle qui a été généralement admise, ainsi qu'on peut le voir dans Baquet, ch. II, du *Traité de la bâtardise*; d'Aguesseau, *Dissertation sur les bâtards*; Claude Henrys, t. III, p. 653. Au reste, elle est fort probable, car si on lit les Récits mérovingiens d'Augustin Thiery, on voit quelle dissolution régnait alors dans les mœurs et combien il était difficile de distinguer, au milieu d'un tel chaos, l'enfant légitime du bâtard. Ce qui prouve d'ailleurs que cette opinion est la meilleure, c'est l'ordonnance d'Hugues Capet, dont personne n'a contesté l'existence et que je cite plus bas.

(2) *Eodem loco.*

» bâtards étant avoués, partageaient également avec les
» légitimes, « ordonna que, de là en avant, aucun bâtard
» ne serait avoué en la maison de France, ni pourrait por-
» ter le surnom d'icelle, ni l'armoirie, tant fût-elle brisée,
» comme il est porté dans les annales... A cette même
» époque, les bâtards des princes et nobles cessèrent de
» leur succéder...Pourtant, selon l'opinion de plusieurs,
» par la coutume et usance générale de la France, les
» enfants bâtards du père noble, par lui reconnus, sont
» réputés nobles, peuvent porter le nom et les armes de
» la maison de leur père avec une barre, sont exempts
» de payer tailles et jouissent enfin de tous les privi-
» léges de la noblesse. »

Ainsi, depuis Hugues Capet, le fils naturel du roi n'a
plus les mêmes prérogatives que les fils légitimes ; il en
est de même de ceux des seigneurs, et on ne les voit plus
partager également avec leurs frères l'héritage et le rang
paternel.

Quant aux bâtards des gens du peuple, leur condition
ne changea pas : ils furent toujours serfs, comme par le
passé, et nous les voyons soumis à toutes les obligations
des serfs. Ainsi ils payaient le droit de *Chevage*, comme
tous les autres mainmortables. « Les bâtards étaient
» tenus de bailler chacun an, au collecteur des mortes
» mains leurs noms et surnoms, et payer au roi chaque
» an, au jour saint Remy, 12 deniers parisis, sous peine
» de 7 sols 6 deniers parisis d'amende. Ce droit était
» appelé *Chevage*, parce que chacun chef marié ou veuf
» était tenu de le payer (1). » Ils payaient également celui

_____

(1) Baquet, *Du droit de bâtardise.*

de *Formariage*, quand ils épousaient une personne qui
n'était pas de leur condition (1). « Et ne se peut le bastard,
» disait un article du procès-verbal de la coutume de
» Laon, marier sans la permission du roi, si ce n'est avec
» une personne de sa condition, sur ce, à peine d'encou-
» rir le droit de *Formariage*, qui est la confiscation du
» tiers de tous ses biens. »

Telle était la règle générale qui était suivie sous les
premiers rois de la troisième race, en ce qui concernait
les deux espèces de bâtards que nous avons distinguées.

Quand les coutumes apparurent, les unes confirmèrent
cette règle comme la coutume d'Artois; d'autres préten-
dirent que, quelle que fût la noblesse du père, elle ne passait
point à son bâtard (2). Une ordonnance de 1600 vint donner raison à ces dernières coutumes et décider, dans son
article 25, que les bâtards des gentilshommes seraient
tenus désormais de payer la taille au roi comme roturiers, toutes les fois qu'ils n'auraient pas obtenu des
lettres d'anoblissement.

Ceci, comme nous le donne à entendre Lebret, dans
son ouvrage sur la souveraineté (3), ne doit s'appliquer
qu'aux bâtards des simples gentilshommes : « Je ne vou-
» drais pas, dit-il, comprendre dans cette règle les bâ-
» tards des grandes et illustres maisons, de façon qu'on
» peut tenir pour maxime générale que les bâtards des
» rois sont princes, que ceux des princes sont seigneurs,
» que ceux des seigneurs, c'est-à-dire des nobles titrés,

---

(1) Baquet, *Traité du droit de bâtardise*, ch. iii; *Procès-verbal de la
coutume de Laon; Dissertation sur les bâtards*, de d'Aguesseau.
(2) Anjou, art. 384; Maine, 356; Tours, 820.
(3) Livre XXII, ch. xii.

» sont gentilshommes, et que ceux des gentilshommes
» sont roturiers. »

On essaya d'éluder la prescription de l'ordonnance de
1600, mais l'art. 197 de l'ordonnance de 1629 vint la
confirmer.

Ainsi, au temps des coutumes, on commence à contester aux bâtards des nobles le droit à la noblesse, et avec
le temps les ordonnances arrivent, qui réduisent, en
somme, à un très-petit nombre ceux des bâtards qui
peuvent participer aux priviléges de cet ordre. On peut
donc, pour l'époque moderne, poser cette règle, qu'en
principe, les ordonnances faisaient naître tout bâtard ro-
turier, sauf ceux des rois, des princes et des seigneurs.

Une autre règle, qui s'établit également et qui finit
par devenir générale, est celle qui nous est attestée par
Loysel en ces termes : « Les enfants nés hors mariage
suivent la condition de la mère (1). » Ainsi l'enfant né
d'un gentilhomme et d'une femme serve naîtra serf. Toutefois Beaumanoir nous montre que, dans le Beauvoisis,
cette règle n'était pas admise, et l'enfant né d'une femme
serve pouvait s'affranchir de la servitude en ce pays, en
prouvant qu'il était bâtard. Car « comme il partirait de
» riens à lor biens, ne à lor bones conditions, il ne doit
» pas partir à lor malveses conditions ne aus redevances
» qu'ils doivent a lor seigneurs (2). » La mère, avec la
noblesse, la roture ou le servage, donnait également la
nationalité. Toutefois cela ne s'appliquait qu'aux bâtards
nés hors de France, car pour ceux qui y étaient nés, le

_____

(1) Loysel, *Institutes coutumières*, règle 23, liv. I.
(2) Beaumanoir, *Sur la coutume de Beauvoisis*, édit. Beugnot, ch. XLV,
n° 16.

fait même de leur naissance en ce pays les rendait
Français, sans qu'on eût besoin de s'occuper de la nationalité de la mère.

Jusqu'ici je n'ai parlé que des bâtards simples, mais il
y a encore les bâtards incestueux et adultérins dont il
faut s'occuper.

Dans la première époque, on ne fait pas, entre eux et
les bâtards ordinaires, grande distinction. Les mœurs
tolèrent l'adultère et l'inceste comme le concubinat ; et
d'ailleurs comment reconnaître, la plupart du temps, et
distinguer l'adultère et l'inceste pendant cette période où
tout est violence et confusion. Cependant on trouve, dans
la loi salique *emundata a Carolo magno*, un passage qui
déclare infâmes les bâtards incestueux et soumet leurs
père et mère à une peine pécuniaire de 50 sols d'or.
Quelques auteurs prétendent que ce passage a été ajouté
par Charlemagne, lors de la révision de la loi. En admettant cette hypothèse, très-probable d'ailleurs, nous
voyons que ce n'est qu'à partir des rois de la deuxième
race qu'on commence à faire une distinction entre les
bâtards : sous ce rapport, l'adultère même fut puni de
mort par des capitulaires postérieurs. Cette distinction
va en se perfectionnant, et son point de départ se trouve
dans le droit canonique. Ce droit occupe, dans notre matière, une place assez importante pour qu'il me soit permis de le résumer brièvement ici.

Il distinguait les bâtards nés *ex soluto et soluta* de
ceux qui naissaient de deux personnes, dont l'une était
mariée, ou engagée dans les ordres, ou parente de
l'autre. Les premiers, dans le droit canonique, avaient
droit, non-seulement à des aliments, mais même à la
succession de leur mère. Les seconds n'avaient droit

qu'à des aliments (1). De plus, ils ne pouvaient en aucune manière être légitimés, tandis que les premiers
pouvaient l'être.

La légitimation canonique ne produisait pas d'effets
civils, excepté toutefois dans un territoire sous l'obé-
dience du pape, auquel cas ce dernier pouvait légitimer
ad utrumque effectum. Cette légitimation, dont les enfants naturels simples étaient seuls susceptibles, leur
donnait le droit d'aspirer aux dignités ecclésiastiques ;
sans cela il leur fallait une dispense du pape. Elle leur
donnait également droit à la succession de leur père,
dont ils étaient exclus avant qu'ils ne fussent légitimés (2).

Le droit canonique, s'occupait également des bâtards
issus d'un prêtre séculier ou régulier, ou d'une religieuse. Ces enfants étaient rangés parmi ceux qui naissent *ex damnato coïtu,* c'est-à-dire soit parmi les enfants
adultérins, soit parmi les enfants incestueux, selon l'o-
pinion de Ferrière.

Le concile de Tolède, que cite d'Aguesseau, les déclare serfs de l'église que dessert le prêtre duquel ils sont
issus, ou du monastère dont fait partie le moine dont ils
descendent.

Revenant maintenant au droit civil, nous voyons plusieurs coutumes reproduire la distinction qu'avait faite
le droit canonique, notamment la coutume de Valenciennes, dans son article 122. La coutume de Bre-

---

(1) D'Expilly, 17ᵉ *Plaidoyer,* nᵒ 31.
(2) D'Aguesseau, *Dissertation sur les bâtards.*

tagne distinguait également l'*avoutre* ou bâtard adultérin des bâtards nés *ex soluto et soluta* (1).

Il était généralement admis, dans les coutumes, que la bonne foi était une excuse suffisante, et la femme qui avait eu commerce avec un homme marié dont elle ignorait la qualité n'était pas adultère (2). Ce principe était entièrement romain, et on peut le voir relaté tout au long, dans la partie de cette étude qui concerne le droit romain. Il était, du reste, répandu plutôt dans le midi que dans le nord de la France, et nous le voyons consacré par un arrêt du parlement de Toulouse du 10 mai 1653.

L'inceste avait lieu dans les mêmes conditions qu'à Rome et était puni des mêmes peines. La pragmatique sanction de Bourges punissait civilement le prêtre qui vivait en concubinage. Le droit canonique le déposait, et il était désormais déclaré indigne de pouvoir être promu à des bénéfices.

L'adultère était puni, chez la femme, par le fouet, la réclusion dans un monastère, l'amende honorable et même la mort en Bretagne ; chez l'homme, par le bannissement, les galères temporaires ou perpétuelles, et la mort également en Bretagne (3).

Merlin nous dit qu'en 1357, Charles V, alors dauphin de France et lieutenant général du royaume, rendit une ordonnance pour les gens de Villefranche, en Périgord,

---

(1) Le mot *avoutre* dérive du mot *adulterium*, selon d'Aguesseau et Pasquier. Beaumanoir le définit ainsi : « Les avoutres sont chil qui » sont engendrés en femmes mariées d'autrui, que de leurs seigneurs » et hommes mariés. »

(2) Brillon, *Dictionnaire des arrêts*, v° *Adultère*, n° 118.

(3) Brillon, *Dict. des arrêts*, au mot *Adultère*.

par laquelle les coupables d'adultère étaient condamnés à payer chacun cent sols d'amende ou à courir tout nus par la ville (1).

Il fut toujours permis, dans notre ancien droit, de rechercher tant la paternité que la maternité naturelles, et tous les modes de preuve étaient admis ; il n'y avait à ce sujet aucune restriction, et l'enfant qui recherchait l'un ou l'autre pouvait employer tous les moyens possibles pour faire entrer la conviction dans l'esprit du juge (2).

Quant aux enfants incestueux ou adultérins, un arrêt du parlement de Paris, du 3 février 1651, décide que la reconnaissance faite par l'homme qui se prétend le père est non avenue. En principe, cette reconnaissance est interdite, et quand les enfants veulent faire réformer leur extrait de baptême qui les mentionne comme nés de père et mère inconnus, ils ne peuvent le faire si la rectification aboutit à une paternité ou à une maternité adultérine ou incestueuse (3).

Examinons maintenant quelle fut la position sociale des bâtards depuis les coutumes jusqu'à la révolution. Il est bon de voir comment on était arrivé à faire des bâtards les serfs du roi et à accorder à ce dernier leur succession presque entière.

Parmi les usages germains que les Francs apportèrent en Gaule, nous trouvons celui qui consiste en ce que toute personne de basse extraction se choisisse un répondant. Ce répondant percevait le tarif de la vengeance ou lavait l'affront dans le sang de l'offenseur. Or-

---

(1) Répertoire, v° *Adultère*, n° 1.
(2) Brillon, v° *Filiation*.
(3) Denizart, v° *État*..

dinairement la famille ou un de ses membres les plus puissants en tenait lieu. Pour les bâtards qui, le plus souvent, ne pouvaient pas retrouver leur filiation, la famille n'existait pas, ils se mirent tout naturellement sous la protection, sous le *mundium* du roi. Ce *mundium* était obligatoire pour tous ceux qui n'en avaient pas d'autres (1), et devait, par conséquent, presque toujours s'appliquer au bâtard. Il entraînait certains droits de succession quand le bâtard mourait sans hoirs légitimes ni testament (2).

Cet état de choses dura tant que la royauté mérovingienne et carlovingienne se maintint forte et respectée; mais quand, par suite de l'inertie et de l'imbécillité des successeurs de Charlemagne, les officiers de toute nature eurent rendu leurs charges héréditaires ; quand la plupart des droits régaliens eurent été accaparés par les hauts barons, le droit de *mundium* sur les bâtards leur advint avec les autres, et les seigneurs en profitèrent pour aggraver leur position et les réduire tous à l'état de serfs. Leur capacité de tester fut excessivement restreinte : « Et ne peut une épave ne le bastard tester ne » faire testament et par icelui disposer de ses biens for » que de cinq sols, » dit le procès-verbal de la coutume de Laon. Et cette règle peut être considérée comme le droit commun de la France féodale.

---

(1) Voir à ce sujet un capitulaire de Charlemagne, de l'année 788, ch. VIII.

(2) Pardessus, p. 731 et suiv., sur la loi salique. Nous ne voyons aucun texte qui accorde aux bâtards le droit de tester ; mais je suppose que, puisque l'affranchi placé sur le *mundium* du roi pouvait avoir un testament, il devait en être de même et *a fortiori* du bâtard placé sous le même *mundium*.

Ainsi, à cette époque, comme le dit d'Aguesseau, les seigneurs recueillirent la succession des bâtards, non par droit de déshérence, mais par suite du droit de main-morte qu'ils avaient sur les bâtards qui étaient leurs serfs de corps.

Plus tard , lorsque le pouvoir royal ressaisit ces droits, il revendiqua avec énergie le droit de bâtardise (1), et il se livra alors, entre la royauté et les grands seigneurs, sur ce point, une lutte longue et laborieuse, où la royauté finit par avoir le dessus. Son triomphe pourtant ne fut pas complet : on peut dire que, des deux côtés , de guerre lasse, on arriva à une transaction, et le droit de succéder au bâtard resta encore au seigneur, quand le bâtard était né, domicilié et mort dans l'étendue de la seigneurie.

A partir de cette époque, la position du bâtard s'amé-liora sensiblement ; il ne fut plus serf de corps , il vécut libre, il put avoir un testament et n'eut plus à craindre de voir ses dernières volontés méprisées et foulées aux pieds par l'avidité de son seigneur. Les droits de che-vage et de formariage ne pèsent déjà plus sur lui : c'est, du moins, ce qui paraît résulter du silence des auteurs du XIII° siècle sur ce point ; car s'ils mentionnent ces droits, ils ne le font nullement à l'occasion des bâtards, mais bien des serfs (2). Baquet, dans son Traité sur le droit de bâtardise, nous les représente même comme ayant opprimé les bâtards dans les temps anciens.

---

(1) « Bastard ne peut faire autre seigneur que le roi en son obéissance » ne en autre seignorie ni en son ressort qui vaille ne qui soit estable. » (*Établiss. de St. Louis*, ch. xxx.)

(2) Bouteillier, *Somme rurale* ; *Coutumier de Charles VI* ; Loysel, *Inst cout.*

Au point de vue social, il n'y a plus aucune différence entre lui et ses enfants légitimes. Toutefois, cela n'était pas admis sans contestation dans l'ancien droit. D'Aguesseau (1), Baquet (2) et Legrand (3) tenaient pour l'opinion que j'admets ici ; Lebret (4) et Chopin (5), au contraire, pensaient que ce n'était, qu'après leur légitimation, que les bâtards pouvaient prétendre posséder des offices ou autres dignités, comme les enfants légitimes. Je me suis rangé à l'opinion de d'Aguesseau, parce qu'il me semble donner une raison décisive. « En » effet, nous dit-il, on ne peut pas néanmoins s'empêcher » de convenir que les coutumes les ont regardés comme » citoyens, puisqu'elles leur ont accordé différents pri- » viléges qui n'appartiennent qu'à ceux qui sont revêtus » de cette qualité.

» C'est ainsi que, les regardant comme personnes » franches, les coutumes leur accordent la faculté de » tester de la même manière qu'à ceux qui sont nés en » loyal mariage. »

Et il cite là-dessus vingt-deux coutumes qui leur accordent ce droit. On en peut conclure que, puisque la plupart des coutumes les regardent comme des citoyens, on doit leur accorder tous les priviléges dont jouissaient ceux qui portaient ce titre : ainsi, selon moi, les bâtards pouvaient être admis à tous les offices et dignités comme les enfants légitimes, même avant leur légitimation, et leur seule incapacité provenait de l'Église, car nous avons vu

---

(1) Loc. cit.
(2) Traité du droit de bâtardise, liv. II, ch. II, n° 5.
(3) Sur l'art. 117 de la coutume de Troyes.
(4) Traité de la souveraineté, liv. II, ch. XII.
(5) Traité du domaine, liv. II, tit I, n° 12.

7

que, selon les principes du droit canonique, il fallait
qu'ils fussent légitimés ou qu'ils eussent obtenu une
dispense du pape, pour pouvoir posséder un bénéfice
ecclésiastique.

On voit, par ce résumé rapide, quel pas immense les
bâtards ont fait à l'époque moderne, et combien leur position diffère de ce qu'elle était à l'époque féodale. En
somme, ils jouissent de toutes les prérogatives des roturiers. Ils sont libres, ils peuvent avoir un patrimoine,
une famille légitime et lui transmettre une partie de
leurs biens. Ce n'est plus que sous le rapport du droit
de bâtardise, exercé, soit par le seigneur, soit par le roi,
qu'ils se distinguent des autres hommes libres.

CHAPITRE II.

Droits des bâtards sur les biens de leurs parents dans l'ancien droit.

L'aperçu que je viens de donner, sur la condition des
bâtards dans notre ancienne France, était nécessaire
pour se rendre un compte exact des droits qu'ils pouvaient avoir sur les biens de leurs père et mère. Ces
droits dépendaient, en effet, de la position qu'ils occupaient dans la société. Maintenant que nous la connaissons, au moins dans son ensemble, il nous sera plus facile de rechercher ce à quoi ils pouvaient prétendre sur
ces biens.

§ 1.— DROITS DES BATARDS AUX ALIMENTS.

Sous la première race, alors que le bâtard se confon-
dait avec le fils légitime, il est évident qu'il avait droit

aux aliments tout comme ce dernier. Plus tard, lorsqu'on distingua les bâtards en plusieurs classes, on accorda des aliments aux bâtards simples, nés *ex soluto et soluta*, et on en refusa à tous les autres.

Le droit canonique fut plus clément et, s'inspirant en cela du droit romain, il leur en accorda à tous indistinc tement (1). Cette décision plus juste et moins rigoureuse passa dans le droit civil. Mais à qui incombera la charge de fournir des aliments à l'enfant naturel ? D'Aguesseau et la grande majorité des auteurs, avec lui, décident que cette obligation, quoiqu'incombant également sur la mère, regarde principalement le père, et que ce n'est qu'à son défaut que la mère en est chargée (2).

Toutefois, quelques auteurs n'admettaient pas ce principe, et le contraire finit même par prévaloir dans la jurisprudence. Ainsi, dans le dernier état de notre ancien droit, on peut regarder comme certain que la mère était, tout comme le père, obligée de contribuer, selon ses moyens, à la dette alimentaire. Quoi qu'il en soit, les coutumes gardaient presque toutes le silence à ce sujet ; nous ne voyons guère que la coutume de Bretagne qui contienne un texte précis à cet égard.

---

(1) D'Aguesseau, *Dissertation sur les bâtards*.

(2) D'Aguesseau, *eodem loco* ; Paleota, *de Nothis,* etc., ch. XLVIII ; Caranza, *de partu legitimo*, ch. III, § 4, n° 43 ; Surdus, *de alimentis*, I, § 14 et 15 ; Loysel, *Institutes coutumières*, liv. I, tit. I, règle 41. Toutefois Pothier était d'un avis opposé et pensait que la charge de nourrir l'enfant devait se partager entre le père et la mère, ainsi qu'on peut le voir dans ses réflexions sur l'art. 187 de la *Coutume du Bourbonnais*. La jurisprudence de la chambre de la Tournelle, qui avait d'abord été favorable à l'autre opinion, se rangea plus tard à celle de Pothier, dans deux arrêts rendus sur les conclusions de l'avocat général Joly de Fleury.

En effet, son article 478 s'exprime en ces termes :
« Si aucun avait enfans bastards jeunes et non puissans
» d'eux pour user de leur corps, ils doivent être pour-
» vus sur les biens de leurs pères ou de leurs mères. »

Ce texte s'interprétait, dans les premiers temps, selon
l'opinion qui prétendait que le père devait d'abord nou-
rir l'enfant, et que ce n'était qu'à son défaut que la mère
était chargée de ce soin. On s'appuyait, pour le décider ainsi, sur ce que l'article mentionnait le père le
premier. Cette disposition était considérée comme faisant le droit commun de la France et devant s'appliquer dans les coutumes muettes sur ce point (1).

Loysel, dans ses Institutes coutumières, pose la règle
suivante : « Quelques coutumes disent que le bâtard doit
» être entendu hors pain, mais l'on juge que qui fait
» l'enfant doit le nourrir (2). »

Laurière, son commentateur, l'interprète ainsi : Les
coutumes, dont parle Loysel, sont celles du Hainaut et
de Mons, et elles signifient que, quoique l'enfant soit
émancipé dès sa naissance et soit par conséquent à
sa charge et obligé de se nourrir, il n'en est pas moins
vrai que, lorsqu'il est en bas âge et hors de gagner sa
vie, il doit être nourri par ses père et mère. Ceci concorde parfaitement avec la coutume de Bretagne et ne fait
que confirmer l'interprétation qu'on en donne généralement.

On ne distinguait pas bien nettement dans notre ancien droit la dette alimentaire et le devoir d'éducation ;
et, dans les premiers temps surtout, on imposait, avec

---

(1) D'Aguesseau, *eodem loco* ; Brodeau, *sur Louit*, lettre A, section 4 ;
Legrand, *sur la coutume de Troyes*, art. 117, glose I.
(2) Loysel, *eodem loco*.

une grande facilité, cette double obligation au père. Ainsi, quand une fille était parvenue à prouver qu'un homme avait eu avec elle quelques privautés, celui-ci était considéré comme père de l'enfant, et condamné, comme tel, à l'élever et à le nourrir (1). Un arrêt du 25 février 1661 va plus loin; il impose à plusieurs hommes qu'une femme déclare avoir eu des relations avec elle, au moment de la conception, l'obligation de nourrir et d'élever l'enfant qu'elle avait mis au monde. En Flandre, c'était la mère qui indiquait la paternité de tel ou tel homme; sa déclaration faisait foi, et on portait en grande pompe le nouveau-né au domicile de l'homme désigné, qui, par cela même, était obligé de l'élever et de le nourrir. Mais cette coutume avait engendré des abus, ce qu'on comprend aisément d'ailleurs, et nous voyons un arrêt du 18 décembre 1726 l'abroger pour l'avenir (2)

Une preuve de la facilité avec laquelle on reconnaissait la dette alimentaire, est la dispense d'insinuation qu'un arrêt du 14 août 1582 accorda à une donation qu'un père avait faite à son enfant naturel à titre d'aliments. Baquet va même jusqu'à dire qu'une fille naturelle, avouée par son père, peut le forcer à lui constituer une dot : « Tellement que les filles naturelles pourront » demander dot et contraindre le père naturel qui les a » reconnues et advouées, leur donner quelque somme » de deniers pour ayder à les marier (3). » Brillon nous

_____

(1) Pothier, *Traité du contrat de mariage*, n° 304.
(2) Merlin, *Répertoire*, v° Bâtard.
(3) *Du droit de bâtardise.*

cite même un arrêt du parlement d'Aix (1) qui déclare cette obligation transmissible aux héritiers du père.

Il y avait des cas où l'obligation alimentaire cessait. Les principaux étaient les suivants : si le père était pauvre, ou avait reçu de son bâtard une injure grave ; si le bâtard, soit par suite d'un héritage, soit par suite de sa propre industrie, se trouvait en état de pourvoir à ses besoins. Dans ces différents cas, l'enfant naturel n'avait rien à réclamer de ses père et mère, parce qu'il pouvait se suffire à lui-même. Mais je crois que dès que les ressources qu'il possédait venaient à lui manquer, il pouvait obtenir, soit volontairement, soit judiciairement, des aliments de ses parents (2). Le Parlement de Paris n'admettait pas que l'aïeul maternel dût nourrir l'enfant ; mais ce point était admis par celui de Grenoble (3) et par celui d'Aix (4).

La dette alimentaire était réciproque ; on suivait en cela les principes du droit romain, et ce point ne faisait, dans notre ancien droit, l'objet d'aucune contestation. Toutefois, je ne m'attacherai pas à le démontrer, car ce serait sortir du cadre que je me suis tracé.

§ 2. — DROITS SUCCESSORAUX DU BATARD.

Nous avons vu que, sous la féodalité, les bâtards, assimilés aux serfs, pouvaient à peine tester et que, souvent encore, les quelques dispositions qu'on leur permettait de faire, étaient foulées au pied par l'avidité et la vio-

---

(1) *Dictionnaire des arrêts*, arrêt du 15 mai 1678.
(2) D'Aguesseau, *eodem loco*.
(3) D'Expilly, 17ᵉ *Plaidoyer*.
(4) Brillon, *loco eodem*.

lence des seigneurs. Une autre conséquence de la misérable condition qui leur était faite, se trouvait dans
le refus du droit de succéder aux biens que pouvaient
laisser leurs père et mère, et elle ne pouvait manquer de
s'établir dans un temps où la force faisait la seule règle,
et où l'isolement et la faiblesse ne trouvaient ni pitié ni
merci. Seulement, il est à remarquer que les deux
principes posés par l'injustice féodale eurent un sort
différent. La rigueur du premier fut adoucie et, ainsi
que je l'ai fait remarquer plus haut, les bâtards finirent
par avoir le droit de faire un testament, et la loi le pouvoir de le faire respecter. Aussi Loysel a-t-il cru pouvoir
admettre comme générale, à toute la France coutumière,
la règle suivante : « Bastards peuvent acquérir et *disposer de leurs biens*, tant entre-vifs que par testaments (1). »

On maintint, au contraire, le second principe ; mais
dans la pratique il souffrit de nombreuses exceptions.
Loysel nous l'atteste également en ces termes : «Bastards
» ne succèdent point, ores qu'ils soient légitimés : si
» ce n'est du consentement de ceux qui y ont inté-
» rêt (2). »

Ainsi, même dans le dernier état de notre ancien
droit, le bâtard ne peut prétendre à aucun droit sur la
succession *ab intestat* de ses parents, s'il n'a été légitimé.
On peut voir là-dedans le résultat du zèle excessif de
l'Eglise, uni à la violence brutale de la féodalité.

D'Aguesseau nous cite trente-trois coutumes qui reconnaissaient l'incapacité du bâtard en ce qui nous oc-

---

(1) Loysel, *Inst. cout.*, règle 42, liv. I.
(2) *Eodem loco*, règle 45.

cupe. Comme ce sont des coutumes générales, on voit que la majorité était acquise au principe et qu'il formait le droit commun.

On en tirait deux conséquences : la première, qu'ils ne pouvaient pas exercer le retrait lignager. Ceci était admis expressément par les coutumes de Paris, art. 158; Calais, art. 169; Estampes, art. 182, et implicitement par beaucoup d'autres, qui décidaient que : *qui ne peut succéder ne peut distraire.*

La seconde était que leur naissance ne portait aucune atteinte aux donations antérieures (1).

Toutefois, il ne faut pas croire que cette règle fut si absolue et si générale qu'on n'y pût pas déroger. Il y avait, au contraire, une exception que certaines coutumes elles-mêmes admettaient, ou que la jurisprudence et la doctrine avaient créées de leur propre autorité,

---

(1) Le principe que Loysel consacre dans sa règle, remonte à la plus haute antiquité. Ainsi nous voyons, dans la collection *de Benedictus Levita,* des capitulaires qui refusent au bâtard tout droit dans la succession *ab intestat* de ses parents. Beaumanoir énonce également cette règle, ainsi que le coutumier de Normandie. Quant à l'époque franque, on ne peut faire à ce sujet que des conjectures et procéder par analogie avec ce qui se passait chez d'autres peuples germains, dont les mœurs et les lois ressemblaient à celle des Francs. Ainsi, on cite un texte de la loi des Bavarois qui nous montre le bâtard partageant également avec ses frères légitimes : *Ut fratres hœreditatem patris œqualiter dividant : ut quamvis multas mulieres habuisset et totœ liberœ fuissent de genea- logia sua, quamvis non œqualiter divites, unusquisque hœreditatem matris suœ possideat; res autem paternas œqualiter dividant.* On induit de là, par analogie, qu'il devait en être de même chez les Francs; ce qui me porte d'ailleurs à le croire, c'est que cela ne faisait aucun doute pour les fils bâtards des rois et des grands seigneurs qui, ainsi que nous l'avons vu plus haut, ont toujours partagé également, avec leurs frères légitimes, la succession paternelle, jusqu'à Hugues Capet.

ou par interprétation du texte de celles qui ne s'expliquaient pas formellement. Ainsi, plusieurs coutumes accordaient aux bâtards un droit dans la succession de leur mère ou de leurs parents maternels, et il est facile de reconnaître ici l'influence du droit romain et du S.-C. Orphitien. Toutefois, entre ces coutumes qui, toutes édictaient cette exception à la règle générale, il y avait des différences qu'il faut noter. Les unes admettaient les bâtards conjointement avec leurs frères légitimes (1), les autres prétendaient que ce n'était qu'à défaut de ces derniers que les enfants naturels pouvaient exercer leurs droits (2). Enfin, d'autres encore énonçaient l'exception d'une manière générale sans aucune restriction (3). Elles disaient : *Nul n'est bastard de par sa mère* ; et cela signifiait que les bâtards, tout comme les enfants légitimes, pouvaient venir à la succession, soit de leur mère, soit de leurs parents maternels, ainsi que l'entendait le droit civil.

Toutefois, les coutumes de Flandre, de Cassel et de Tournay, quoiqu'admettant l'exception, ne l'entendaient point comme on le faisait habituellement, et l'usage était, dans ces pays, de n'admettre les bâtards à la succession maternelle qu'à défaut d'enfants légitimes. C'est le Bouteillier qui nous l'apprend dans la Somme rurale : « Si sçaches qu'à la coutume de Flandre, de Cassel et » de Thernois, nul n'est bastard de par sa mère, et in— » certaine chose est du père, et emportent de par leur

---

(1) *Cout. de l'Aleu,* tit. I, art. 8 ; *de Valenciennes,* art. 121.

(2) *Cout. d'Aire,* tit. I, art. 9.

(3) *Cout. de Saint-Omer en Artois,* tit. I, art. 21 ; et *de Thérouanne,* tit. I, art. 4.

» mère succession, voire quand la mère n'a nul enfant
» vivant de loyal lit au jour de son trépas (1). »

Cette exception était loin d'être admise par tout le
monde, et il y avait même des auteurs qui prétendaient
qu'elle ne devait pas être observée dans les territoires
qui étaient régis par les coutumes qui la faisaient (2).

Mais il me semble que ces auteurs poussent trop loin
la rigueur du principe; et si je trouve que Dumoulin est
trop indulgent, dans sa note sur l'art. 1ᵉʳ de la coutume
de Saint-Omer, en accordant, même aux bâtards adultérins, le bénéfice de cette exception, je reconnais parfaitement avec lui, qu'au moins, pour les simples bâtards, l'exception devait être admise dans le territoire
des coutumes qui la faisaient.

D'Expilly soutient avec énergie, dans son dix-sep-
tième plaidoyer, que si la loi générale du royaume, tant
dans les pays coutumiers que dans les pays de droit
écrit (3), était que les bâtards ne succédassent point *ab*
intestat aux biens de leurs père et mère, il n'en était pas
de même dans le Dauphiné, où il était admis, comme
principe de droit certain, que le bâtard pouvait succéder
ab intestat à sa mère et à son aïeule. Après avoir exposé
le système de son adversaire qui prétend que la règle,
dans tout le royaume, se doit étendre en Dauphiné également, il s'écrie : « C'est mal conclud. Le Dauphiné est

---

(1) *Somme rurale*, liv. I, ch. xcv, *in fine*.

(2) Rebuffe, sur l'ordonnance de 1512; Chopin, *Traité du domaine*,
liv. I, ch. x; Claude Henrys, liv. VI, ch. iii. Ce dernier cite même un
arrêt en ce sens.

(3) Voyez Furgole, tome I, ch. vi, section 2, n° 105, *Des testaments*.
Cet auteur cite un arrêt du Parlement de Toulouse qui repousse le bâtard de la succession *ab intestat* de sa mère.

» païs de droit escrit, et avec ses lois et coutumes, il a
» esté donné et transmis aux rois de France et à leurs
» fils aisnez : il ne faut pas donc le reigler comme les
» païs coustumiers, il faut le maintenir sous la règle du
» droit, par lequel il est régi, et duquel il use, mesmes
» en ce subject. » Salvaing soutenait la même opinion ;
mais, toutefois, il avouait que cette doctrine, propre
seulement au Dauphiné, finirait par disparaître et que
le droit coutumier était appelé à prévaloir seul en cette
matière dans toute la France. La raison qu'il en donne
est que le christianisme aura assez d'influence pour faire
disparaître cette dernière trace du droit romain qui accordait aux bâtards la succession de leur mère, comme
conséquence du concubinat qu'il tolérait (1).

Je ne m'attacherai point à démontrer comment il
était admis, dans les coutumes, la doctrine et la jurisprudence, que le bâtard pouvait succéder soit à ses enfants, soit à sa femme et réciproquement. La discussion
de ces deux points m'entraînerait trop loin ; il me suf-
fira de dire qu'ils étaient constants dans notre ancienne
France, tant dans les pays coutumiers, que dans les pays
de droit écrit.

Il me reste à exposer sommairement les droits que les
bâtards pouvaient avoir sur la succession testamentaire
de leurs parents.

Voici la règle que pose Loysel à ce sujet : « Maitre
» Martin Doublé tenait que bâtards ne pouvaient rece-
» voir legs, ni de père ni de mère, ce qui se doit en-
» tendre de legs excédant leur nourriture (2). »

---

(1) *Traité des fiefs*, ch. LVI et LXVI.
(2) *Instit. cout.*, règle 43, liv. I.

Cette règle, on le voit, n'est qu'un corollaire de la précédente. Toutefois elle constate un fait certain, c'est que le bâtard peut recevoir un legs ou une donation à titre d'aliments. Cela se conçoit, puisque nous avons vu qu'il avait été admis que tous les bâtards, quels qu'ils fussent, y avaient droit.

Laurière, néanmoins, nous apprend dans le commentaire de cette règle, qu'elle était tombée en désuétude, et qu'il était permis aux père et mère de faire en faveur de leur bâtard, des legs autres que d'aliments, pourvu qu'ils ne fussent point universels, ou excessifs, s'ils étaient particuliers ; mais cet usage ne s'étendit jamais aux bâtards incestueux ou adultérins ni à ceux nés d'un prêtre ou d'une religieuse, lesquels ne purent jamais obtenir que des aliments.

Si cette tolérance était universellement répandue, en pratique ses effets étaient extrêmement variés, selon les diverses coutumes. Ainsi la coutume d'Auvergne, d'après Guy Coquille (1), permettait au bâtard de recevoir, par contrat de mariage, tout ce qu'il plairait à son père de lui donner, sauf la légitime due aux autres enfants. La coutume de Touraine permettait au père et à la mère naturels de donner à leurs bâtards, le quart de leurs acquêts à vie et leurs meubles à perpétuité. La coutume de Poitou que cite Baquet (2) permettait toutes les donations, et tous les legs quels qu'ils fussent : *Tanquam alimentorum intuitu facta.* Celle de Sedan ne permettait de leur donner ou de leur léguer que le sixième, tant des meubles que des conquêts immeubles. D'après la cou-

---

(1) Instit. du Droit Français.
(2) *Du droit de bâtardise*, ch. III.

tume de la Marche, le bâtard ne pouvait obtenir de cette manière que le tiers des biens de la mère. D'autres plus sévères encore ne permettaient que les dispositions usufructuaires. Enfin la plupart étaient muettes. Toutefois la jurisprudence, depuis le xiiiᵉ jusqu'au xviᵉ siècle inclusivement, tendit constamment à reconnaître le droit des enfants naturels en notre matière, et Baquet (1) cite de nombreux arrêts qui tous paraissent admettre que les enfants bâtards nés *ex soluto et soluta* ont droit, non-seulement à des aliments, mais même à des donations ou des legs, dépassant l'obligation alimentaire et s'étendant à l'universalité des biens du défunt.

Mais, à partir du xviiᵉ siècle, la jurisprudence eut un revirement en sens contraire, ainsi que nous le rapporte Furgole (2), et nous voyons plusieurs arrêts décider que des dispositions universelles ne peuvent plus être faites au profit du bâtard. C'est cet état de choses que Laurière constate dans sa note sous la règle de Loysel que nous avons citée. Ferrière nous donne la raison de ce changement. Les dispositions à titre universel, dit-il, sont un titre d'honneur, dont ceux que la naissance couvre d'infamie, sont incapables (3).

Toutefois un seul parlement, celui de Flandre, résista à cette jurisprudence générale, et permit, jusqu'en 1746, aux bâtards de recueillir les dispositions à titre universel faites en leur faveur (4).

Si maintenant nous recherchons les droits que les bâtards avaient sur la succession testamentaire de leurs

---

(1) *Eodem loco*, ch. iii, *in fine.*
(2) Furgole, *Des testaments*, tome 1, ch. vi, section 2, nᵒˢ 118 et suiv.
(3) Claude Ferrière, sur la novelle 89, ch. xv.
(4) Merlin, *Répertoire*, au mot *Bâtard.*

aïeux tant paternels que maternels, nous voyons régner une grande divergence entre les auteurs. Les uns affirment que le bâtard n'avait pas plus de droit à recevoir une libéralité de la part de son aïeul que de son père; d'autres, au contraire, pensaient que rien ne pouvait l'empêcher de la recevoir (1). Ce fut cette dernière opinion qui prévalut, mais seulement avec un tempérament : pour que l'aïeul pût faire à son petit-fils bâtard un legs universel, il fallut qu'il n'y eût aucun enfant légitime ; autrement il ne pouvait disposer en faveur du bâtard que de ce dont aurait pu disposer le père ou la mère naturels. On suivait, en cette matière, la règle romaine.

Ceci nous amène à rechercher les droits que les bâtards pouvaient avoir, quand ils étaient en concours avec les enfants légitimes venant à la succession. Ce point n'était pas nettement réglé par les coutumes. Toutefois, ce qui était certain, c'est que le père ne pouvait, en ce cas, laisser à son bâtard qu'une très-petite partie de sa fortune. Ceci ressort clairement des paroles suivantes de le Bouteillier (3). « Si un homme a enfants légitimes et » illégitimes, et par la subtilité de la mère aux illégi-» times ou par la bonne volonté aux pères, ils veulent » leurs enfants illégitimes accomparager à leurs enfants » légitimes, sachez que ce ne doit être souffert ne don » qu'en cette matière face le père à tels enfants n'est à » tenir après la mort au père, ne il ne leur doit laisser

---

(1) D'Argentré, *sur la cout. de Bretagne*, art. 266; Claude Henrys, liv. VI, ch. III et IV; Lebrun, *Traité des successions*.

(2) D'Aguesseau, *Dissertation sur les bâtards*; Furgole, *eodem loco*, nos 134 et suivants.

(3) *Somme rurale*, liv. I, p. 541.

» que petite partie de sa chevance. » Ainsi les enfants
légitimes avaient le droit d'attaquer et les tribunaux
d'annuler ou de réduire toutes les libéralités, faites aux
bâtards qui leur paraissaient excessives, de manière à ne
pas dépasser les bornes d'une simple pension alimentaire (1).

Je termine en rappelant que, dans notre ancien
droit, le bâtard né *ex soluto et soluta* pouvait être
légitimé, et qu'alors il pouvait concourir avec les enfants
légitimes à la succession, soit *ab intestat*, soit testamentaire, de ses parents (2).

---

(1) Furgole, *Des testaments*, ch. vi, section 2, n° 106 ; Baquet, *Du
droit de bâtardise*, ch. iii ; d'Aguesseau, *eodem loco*.

(2) Outre ce dernier point qui serait intéressant à étudier, il en est un
autre très-célèbre et que je n'ai fait qu'effleurer, parce que mon sujet
ne le comportait pas : je veux parler de la succession des bâtards. Il est
peu de questions dans notre ancien droit qui aient donné lieu à une
aussi vive controverse et à des divergences aussi grandes parmi les auteurs.

TROISIÈME PARTIE.

Droits que la législation intermédiaire

ACCORDAIT

AUX ENFANTS NATURELS

SUR LES BIENS DE LEURS PÈRE ET MÈRE.

8

J'ai dit dans ma préface, qu'à l'époque révolutionnaire tout portait l'empreinte de la grandeur et de l'exagération. J'espère maintenant démontrer la vérité de ces paroles. Les diverses assemblées qui se sont succédé dans le gouvernement de la France, émues des plaintes qu'avait élevées de toutes parts la misérable condition des bâtards dans notre ancien droit, voulurent faire quelque chose en leur faveur, mais elles dépassèrent le but, et souvent il arriva que la suivante se vit forcée de défaire ce que la précédente avait établi.

Le reproche capital qu'on peut adresser à toutes ces lois en général, c'est d'être trop favorables aux enfants naturels. On a poussé à l'extrême leur réhabilitation, comme, sous la féodalité, on avait poussé à l'extrême leur abaissement et leur honte, tout cela sans faire attention que, si l'enfant était innocent et méritait, par cela même, pitié et protection, les parents étaient coupables et méritaient d'être punis. Ces lois paraissent presque un défi porté à l'institution du mariage et une prime d'encouragement donnée à la débauche et aux déréglements des mœurs.

Il est nécessaire de mettre un peu d'ordre dans toutes

les dispositions, souvent contradictoires, qui ont été faites sur le sujet qui nous occupe. Nous allons voir, dans un premier chapitre, comment le législateur arrive progressivement jusqu'à assimiler complétement les enfants naturels simples aux enfants légitimes. Dans le second, nous le verrons occupé à réparer, autant que possible, les effets désastreux de cette législation subversive de toute morale et de toute justice.

CHAPITRE Ier.

Droits accordés aux enfants naturels

depuis 1789, jusques et y compris la loi du 12 brumaire an II.

L'art. 7 de la loi du 13–20 avril 1791 est ainsi conçu :
« Les droits..... de bâtardise..... n'auront plus lieu en » faveur des ci-devant seigneurs ; à compter pareillement » de la publication des décrets du 4 août 1789, les ci-» devant seigneurs demeurant, depuis cette époque, dé-» chargés de l'entretien des enfants trouvés. »

Cette dernière phrase nous indique que le droit de bâtardise est supprimé, non-seulement depuis la loi actuelle, mais rétroactivement, depuis la loi de 1789. Car le droit de bâtardise était accordé aux seigneurs comme compensation de l'obligation où ils étaient de nourrir tous les enfants trouvés sur l'étendue de leurs domaines (1).

La conséquence, qui découle immédiatement de cette loi, est que le bâtard acquiert pleine et entière liberté de

---

(1) V. Merlin, *Répertoire*, v° *Bâtard*, section 2, § 1.

tester comme tout enfant légitime, puisque le droit de
bâtardise était la principale entrave qui existât à ce droit
à l'époque de la Révolution.

Il fallait, pour rendre complète sa réhabilitation, lui
accorder également un droit de succession ; l'Assemblée
constituante n'y manqua.pas, et dans la loi du 4 juin
1790, nous la voyons déclarer que « les enfants nés hors
» mariage *succéderont à leurs père et mère,* dans la
» forme qui sera déterminée. »

C'est là un pas immense ! On pose en principe ce qui,
dans l'ancien droit, n'était que l'exception ! La réforme
était heureuse, mais on ne sut pas trouver la juste limite, ni s'arrêter à temps. On arriva ainsi à cette loi du
12 brumaire an II, qui peut mériter l'épithète de mons-
trueuse dont on l'a qualifiée. Les bâtards passèrent d'une
condition relativement misérable à une condition bien
supérieure à celle à laquelle ils pouvaient aspirer ; et
victimes naguère de la famille légitime, ils en devinrent
la terreur et le fléau. Ces grandes oscillations semblent
malheureusement être une des lois de l'humanité, et ce
n'est qu'après qu'elles se sont reproduites plusieurs fois,
non sans secousses et sans déchirements profonds, que
l'équilibre s'établit et, qu'un jour, la société étonnée s'a-
perçoit que l'équitable et le juste se trouvent, le plus
souvent, entre les deux extrêmes dans lesquels elle s'était
jetée tant de fois.

L'art. 2 de la loi de brumaire est conçu en ces
termes :

« Leurs droits (des enfants nés hors mariage) de suc-
» cessibilité sont les mêmes que ceux des autres en-
» fants. »

Ainsi, le seul frein moral qui retient l'homme et sert
à encourager le mariage, se trouve brisé d'un seul coup !

Non content de cela, le législateur applique à cette disposition un effet rétroactif, art. 1ᵉʳ : « Les enfants, ac-
» tuellement existants, nés hors mariage, seront admis
» aux successions de leurs père et mère ouvertes depuis
» le 14 juillet 1789. »

Je ne discuterai pas le point de savoir si le législateur a, ou non, le droit d'appliquer la rétroactivité à certaines choses, par une disposition actuelle de la loi ; mais je condamne, sans hésiter, l'application qu'en a faite ici la Convention nationale : cette rétroactivité n'avait ni raison d'être, ni justice.

En effet, la loi de brumaire était une loi transitoire, faite pour régler les droits des enfants naturels qui pouvaient s'ouvrir à la publication du Code civil que l'Assemblée élaborait alors, pourquoi ne pas laisser les successions ouvertes avant l'époque de la promulgation sous l'empire de l'ancien droit ? Certes, le droit des enfants naturels est incontestable, et je suis loin de le nier ; mais celui de la famille légitime ne l'est pas moins, et si l'un doit être sacrifié à l'autre, ce ne doit pas être ce dernier. Les enfants naturels avaient droit à des aliments, dans l'ancien droit ; on aurait pu étendre, autant que possible, et la jurisprudence aurait pu augmenter cette dette, dont le *quantum* est essentiellement variable. Au lieu de cela, on édicte la rétroactivité ! La loi s'applique dans le passé ! Que de droits acquis violés ! que de familles dépouillées de biens sur lesquels elles devaient légitimement compter ! Et tout cela, pour venger, pour ainsi dire, les enfants naturels de la longue infériorité sociale qu'ils avaient subie depuis le moyen âge jusqu'à la Révolution !

Enfin la loi couronne son œuvre en édictant la réciprocité de successions entre les enfants naturels et leurs

collatéraux, dans son article 9 ; « . . . il y aura successi-
bilité réciproque entre eux et leurs parents collatéraux,
à défaut d'héritiers directs. »

Favorisant, comme elle le faisait, les enfants naturels
simples, la Convention ne pouvait négliger les enfants
adultérins. L'art. 13, qui s'occupe d'eux, est conçu en
ces termes, alin. 2 : « Il leur sera seulement accordé, à
» titre d'aliments, le tiers, en propriété, de la portion à
» laquelle ils auraient eu droit, s'ils étaient nés dans le
» mariage. »

Cette disposition est remarquable, non-seulement à
cause de sa libéralité désordonnée envers les enfants
adultérins, mais encore parce qu'elle a servi de type à la
première partie de l'article 757 du Code civil. En effet,
cet article réduit la part héréditaire de l'enfant naturel
simple, précisément, à ce qu'avaient les enfants adultérins
sous la loi de brumaire. Cette coïncidence est remarquable, parce qu'on peut en tirer un argument assez
puissant en faveur du système qu'a adopté la jurisprudence, sur la manière de calculer la part qui doit revenir à l'enfant naturel simple en concours avec des enfants légitimes.

La Convention a reculé devant les enfants incestueux ;
elle ne leur accorde rien, probablement parce qu'il y
avait là une question physiologique, et qu'elle avait peur
que les mariages entre parents n'abâtardissent la race.

CHAPITRE II.

Restriction des droits accordés aux enfants naturels

Par la loi de brumaire an II.

La loi de brumaire, on le comprend, ne pouvait subsister longtemps dans son intégrité. Aussi, lorsque le
premier moment d'effervescence fut passé et que le
calme se fut un peu rétabli, on comprit que la loi était
allée trop loin et que c'en était fait de la société si les
principes qu'elle posait étaient maintenus. La jurisprudence se refusa toujours énergiquement à son application. Le législateur vint à son secours et démolit lui-
même pièce à pièce l'édifice qu'il avait élevé. La loi du
15 thermidor an IV vint abolir le principe de rétroactivité
qu'avait posé, contre toute justice, l'article 1er de la loi
de brumaire.

« Le droit de succéder à leurs père et mère, accordé
» aux enfants nés hors mariage, par la loi du 4 juin
» 1793, n'aura d'effet que sur les successions échues
» postérieurement à la publication de cette loi, et l'effet
» rétroactif, attribué à ce droit par la première disposi-
» tion de l'article 1er de la loi de brumaire an II, est
» aboli. »

Ainsi, plus de rétroactivité : les successions qui se sont
ouvertes et qui ont été réglées d'après la loi ancienne,
ne tombent pas sous le coup de la loi de brumaire.

Quelles seront donc les successions qui y tomberont ?
On devrait, et avec raison, supposer que ce sont les successions qui s'ouvriront depuis sa promulgation. L'art. 13

de la loi du 3 vendémiaire an IV, semble même le supposer formellement en disant que : « L'art. 1er de la loi
» de brumaire n'aura d'effet qu'à compter du jour de sa
» publication. » Mais la jurisprudence recule devant
cette conséquence, et elle aime mieux maintenir les
choses dans le *statu quo*, laisser des familles entières
dans l'incertitude et de graves questions dans l'indéci-
sion, plutôt que d'attribuer aux enfants naturels la part
trop grande que leur fait la loi de brumaire. Tous les
arrêts du tribunal de cassation et des tribunaux d'appel
disent, qu'à cet égard, leurs droits seront réglés par le
Code civil. Et sur quoi se fondaient-ils pour donner cette
décision ? surce que cette loi était une loi transitoire et
que son article 10 était ainsi conçu :

« A l'égard des enfants nés hors du mariage, dont le
» père ou la mère seront encore existants, lors de la pro-
» mulgation du Code civil, leur état et leurs droits se-
» ront, en tout point, réglés par la disposition de ce
» Code. »

. Mais cet argument était bien faible, car si l'article
prévoit le cas des enfants naturels dont les parents
existent à la promulgation du Code civil, il ne parle nullement de ceux dont les parents sont morts entre la promulgation de la loi de brumaire et celle du Code. Donc
pour ces enfants, au moins, il faut appliquer la loi.

Le système de la jurisprudence arrivait en outre à ce
résultat singulier de faire de la loi de brumaire une loi
inexistante et sans efficacité, car elle ne pouvait plus
s'appliquer dans le passé, depuis la loi de vendémiaire
an IV, que j'ai citée, et les arrêts l'empêchaient de s'appliquer dans le présent, en laissant dans une incertitude
absolue, comme ils le disent eux-mêmes, les droits des
enfants naturels.

Enfin ce système créait une lacune dans la législation, lacune qui allait être comblée, il est vrai, par le Code Napoléon, mais auquel on attribuait ainsi manifestement un effet rétroactif.

Toutefois, malgré la faiblesse de l'argument, je ne sais pas si la jurisprudence ne fit pas mieux de laisser ainsi les enfants naturels dans cette incertitude qui présentait de grands inconvénients, sans doute, pour la famille légitime, que de leur accorder les droits fixés par la loi de brumaire, qui auraient été la ruine même et la dissolution de cette famille (1).

Un pareil état de choses ne pouvait se prolonger longtemps, et il était nécessaire qu'une loi intervînt pour fixer la doctrine en cette matière. C'est dans ce but que fut édictée la loi du 14 floréal an XI, dont l'art. 1er est ainsi conçu :

« L'état et les droits des enfants nés hors mariage,
» dont les père et mère sont morts depuis la promulga-
» tion de la loi du 12 brumaire an II, jusqu'à la promul-
» gation des titres du Code civil sur la *Paternité* et la
» *Filiation* et sur les *Successions*, sont réglés de la ma-
» nière prescrite par ces titres. »

Cet article donne raison à la jurisprudence, et l'incertitude qui durait depuis près de dix ans, dans le règlement des droits successoraux des enfants naturels, cessa (2). A partir de ce moment, la société se raffermit

---

(1) Cette question était une des plus controversées de l'époque intermédiaire ; mais la jurisprudence du tribunal de cassation ne varia jamais, ainsi que le prouvent les arrêts suivants : Cassation, 2 brumaire an XIII, pluviôse an VIII, 3 ventôse an XII, 13 fructidor an XIII.

(2) L'article 3 de la loi maintenait avec raison, en notre matière, le respect de la chose jugée ; il est ainsi conçu : « Les conventions et les

sur sa base. La famille légitime, justement protégée par le Code civil, se reconstitue, l'effervescence révolutionnaire s'apaise, et les lois s'élaborent en s'inspirant davantage des saines notions de la justice et des traditions du passé. Enfin s'ouvre cette ère législative nouvelle où la France unifie sa législation comme elle a unifié tout le reste, ère de perfectionnements et de progrès incessants qu'il me reste à étudier en détail, au moins en ce qui concerne mon sujet.

» jugements passés en force de chose jugée, par lequel l'état et les » droits desdits enfants naturels auraient été réglés, seront exécutés » selon leur forme et teneur. »

QUATRIÈME PARTIE.

Droits que le Code Napoléon

ACCORDE

AUX ENFANTS NATURELS

SUR LES BIENS DE LEURS PÈRE ET MÈRE.

Je ne définirai pas ce que c'est qu'un enfant naturel simple, ce que c'est qu'un enfant naturel incestueux ou adultérin ; je suppose ces définitions connues, pour ne pas m'arrêter plus qu'il n'est nécessaire aux matières qui ne sont pas l'objet précis de cette étude.

Voici le plan qui m'a paru le meilleur à suivre. Je m'occuperai d'abord de la nature des droits de l'enfant naturel simple, adultérin et incestueux, puis j'énumérerai les cas et conditions dans lesquels il peut les exercer, et recherchant la quotité de ces droits, je discuterai l'importante question de savoir s'il a droit ou non à une réserve.

Enfin, en terminant, j'énumérerai les formalités qu'il doit remplir pour succéder à ses père et mère.

CHAPITRE Ier.

Nature des droits de l'enfant naturel.

La loi naturelle, ainsi que je l'ai fait remarquer dans la première partie de cette étude, porte l'homme à élever, défendre et nourrir sa progéniture. Notre législateur, en la consacrant pour tous les enfants quels qu'ils soient, légitimes, naturels simples, incestueux ou adultérins, n'a fait qu'obéir aux notions les plus simples du bon sens. Les enfants naturels ont donc droit à des aliments, et la doctrine contraire ne pourrait pas, je le crois, supporter un examen sérieux. Ce droit existe en tout temps, soit après la mort de leurs père et mère, soit de leur vivant. En effet, si l'art. 756 du Code Napoléon parle de leurs père et mère décédés, c'est qu'il ne s'agit, dans le titre où est placé cet article, que de régler les droits des enfants naturels dans la succession de leurs père et mère, que cette hypothèse suppose par conséquent décédés.

Mais le législateur serait-il juste en ne leur accordant que ce droit naturel qu'il ne pouvait leur refuser? Evidemment non, car les enfants ne sont pas coupables de la faute de leurs parents, et les en punir ne serait pas équitable. D'un autre côté, l'intérêt de la société, la dignité et la sainteté du mariage exigent que ceux qui ont violé tout cela soient punis. Le législateur ne pouvait donc pas leur accorder les mêmes joies, les mêmes récompenses qu'à ceux qui l'ont respecté. Aussi a-t-il posé certaines restrictions, certaines entraves à la transmission des biens des père et mère naturels à leurs enfants; il va même jusqu'à leur contester la qualité d'héritiers proprement dits, car l'art. 756 dit : *Les enfants naturels ne sont point héritiers,* frappant ainsi les parents dans leur espoir le plus cher, celui de voir continuer leur personnalité dans celle de leurs enfants. Mais, dira-t-on, s'ils ne sont point héritiers, dans quelle catégorie les a classés le législateur? qu'en a-t-il fait? Cette question a donné naissance à deux systèmes opposés, que nous examinerons après avoir jeté un coup d'œil sur les travaux préparatoires, sur lesquels l'un et l'autre se fondent.

Le projet de l'an VIII, art. 54, était ainsi conçu : « L'enfant naturel qui n'a point de parenté civile résul- » tant du mariage n'est point héritier. La portion que » la loi lui accorde sur les biens de ses père et mère, » n'est qu'une créance fondée sur l'obligation naturelle » qu'ils ont contractée envers lui (1). »

Ainsi, le droit de l'enfant naturel, d'après ce projet, n'était qu'un simple droit de créance, cela est évident. Mais la section de législation présenta au Conseil d'État un article si mal rédigé, si contradictoire, disant d'une part que l'enfant naturel n'a qu'un droit de créance, et de l'autre, qu'il a droit à une portion héréditaire (2), que le consul Cambacérès, choqué de ce manque de logique, demanda que l'on évitât le mot *créance*, et que l'on déclarât que la loi, tout en ne reconnaissant pas les enfants naturels comme héritiers de leurs père et mère, leur accordait cependant un droit sur leurs biens (3). Ce fut sur cet amendement adopté qu'on rédigea l'art. 756.

Revenons maintenant à nos deux systèmes, et voyons quelle est, suivant chacun d'eux, la nature des droits de l'enfant naturel.

Le premier, qui me semble difficile à soutenir après la lecture attentive des travaux préparatoires, prétend que quoique le mot *créance* ait été supprimé, la chose n'en existe pas moins. En effet, l'article 756 ne dit-il pas que les enfants naturels ne sont point héritiers ? Que

---

(1) Fenet, tome II, p. 133.
(2) Voir art. 42 et 43 du nouveau projet, Fenet, tome XII, p. 27.
(3) Fenet, tome XII, p. 28 et 29.

9

sont-ils donc ? Il faut être logique, et puisque la loi leur
refuse la qualité héréditaire, le *jus in re*, le droit de propriété, que leur reste-t-il, sinon le *jus ad rem*, sinon un
simple droit de créance ? Et cela va de soi si l'on exa-
mine sur quelle cause est fondé le droit de l'enfant naturel. N'est-ce pas en effet l'obligation contractée par son
père et sa mère de subvenir à ses besoins ? Le *de cujus*
n'a donc qu'une dette à acquitter, et toute dette supposant un créancier, il s'ensuit que le droit de l'enfant naturel n'est qu'une créance.

Ce système tire de ces principes les conséquences for-
cées et logiques qui en découlent. Ainsi l'enfant naturel
ne profite pas du droit d'accroissement, art. 786, et le
rapport ne lui est pas dû, art. 857; il n'a pas le droit de
revendiquer les biens héréditaires vendus à un tiers
par l'héritier légitime, ni celui de demander un
partage par la voie de tirage au sort ; d'un autre côté,
les legs particuliers ne diminueraient pas sa part, et il
pourrait venir, même en concours avec les créanciers
du défunt. Je m'arrête, mais il me semble que j'en ai
assez énuméré pour faire voir que ce système n'est pas
soutenable à cause des conséquences choquantes et contradictoires auxquelles il conduit. En effet, les unes sont
trop favorables à l'enfant; les autres, au contraire, le
traitent trop désavantageusement.

Reste donc l'autre système, qui est le seul auquel on
puisse sérieusement s'arrêter. Les enfants naturels ne
sont point héritiers, c'est vrai; mais cela ne veut pas dire
qu'ils n'ont qu'un simple droit de créance; loin de là, et
ces termes peuvent s'expliquer autrement. Cela veut
dire simplement qu'ils ne sont point héritiers légitimes.
Et qu'on ne prétende pas que cette déclaration est bien
inutile, puisque cela est évident. Non, elle n'est pas inu-

tile, et le but que le législateur a eu en la faisant, est de bien manifester son intention de rompre avec les scan daleux abus de la période intermédiaire que nous venons d'étudier. Ainsi ces mots peuvent s'expliquer parfaitement dans notre système, et cette explication détruit le plus fort argument que pouvait nous opposer le système contraire.

Ce qui me confirme dans cette interprétation, c'est sa parfaite concordance avec les divers textes du Code. Ainsi la formule de l'article 756 est identique à celle de l'article 543, qui définit le droit de propriété. Le mot « droit » a, dans l'art. 758, le même sens que dans les articles 756 et 757 ; or, quand l'enfant naturel est seul, de qui est-il donc créancier ? Sa position n'est-elle pas tout à fait semblable à celle de l'époux appelé à défaut de successibles ? et qui a jamais fait de l'époux un créancier? L'article 711 nous dit que la succession est une manière d'acquérir la propriété. Eh bien, les enfants naturels, d'après les articles 757 et 858, l'acquièrent dans la limite où ils sont appelés à succéder !

On voit comment tout se tient et tout s'enchaîne dans ce système. Mais on insiste : que signifie cette déclaration ? N'est-ce pas une différence vaine, un classement purement honorifique ? Si, au fond, vous leur accordez un droit héréditaire, peu importe la forme !

Cet argument manque de portée, et cela est facile à saisir. La différence que j'établis dans la forme existe réellement dans le fond.

En effet, il faut être héritier légitime pour avoir la saisine, les enfants naturels ne l'ont donc point.

Ainsi il faut dire que l'enfant naturel n'est point héritier *légitime*, mais qu'il *succède* dans la limite fixée par les articles 757 et 758, comme le conjoint survivant, comme l'État. Le sang qui coule dans ses veines lui donnerait bien droit à ce titre, mais c'est un honneur que la loi lui refuse à cause du vice de sa naissance (1).

CHAPITRE II.

Cas et conditions dans lesquels l'enfant naturel peut exercer ses droits.

Ayant précisé la véritable nature des droits des enfants illégitimes, il est naturel maintenant de nous occuper des cas et des conditions dans lesquels ils peuvent les exercer. Nous nous occuperons successivement des enfants naturels simples, et des enfants adultérins ou incestueux.

§ 1. — CAS ET CONDITIONS CONCERNANT LES ENFANTS NATURELS SIMPLES.

L'article 756, qui ne s'occupe que de ces enfants, est ainsi conçu :

« Les enfants naturels ne sont point héritiers : la loi
» ne leur accorde de droit sur les biens de leurs père et
» mère décédés, que lorsqu'ils ont été légalement re-
» connus. Elle ne leur accorde aucun droit sur les biens
» des parents de leurs père et mère. »

_____

(1) Je ne me suis occupé, dans mon premier chapitre, que des enfants naturels simples, et j'ai fixé la nature de leurs droits. Quant aux enfants adultérins ou incestueux, leur droit se borne à réclamer des aliments, art. 762. Au reste, je reviendrai là-dessus au chapitre suivant.

Les deux conséquences qui découlent naturellement de cet article sont :

1° Que, pour que les enfants naturels simples puissent succéder, il faut qu'ils soient reconnus légalement.

2° Qu'ils n'ont aucun droit sur les biens des parents de leurs père et mère.

Reprenons successivement ces deux propositions.

Première conséquence.

La première est évidente. En effet, quand un enfant naît d'un légitime mariage, son acte de naissance, la possession d'état ou la preuve par témoin lui permettent facilement d'établir sa filiation et ses droits héréditaires, car tout, dans l aloi, concourt à le favoriser. Il n'en est pas de même pour l'enfant naturel. De prime abord, aucun lien n'existe entre lui et ses parents aux yeux de la loi, sa filiation n'est pas reconnue, son acte de naissance lui-même ne doit pas la constater. Il est né d'une union passagère, d'une nuit de débauche qui souvent n'a pas de lendemain. Comment pourrait-il prétendre à une famille à des droits héréditaires, lorsqu'il ne connaît pas même les auteurs de ses jours ? Toutefois, si le législateur s'en fût tenu à cette prescription sévère, il aurait dépassé son but, car, en punissant des parents coupables, il aurait frappé des innocents. Il faut que ces êtres déclassés puissent un jour occuper un rang dans la société, soit en permettant à leurs parents de réparer leur faute, soit en leur donnant à eux-mêmes le moyen de remédier aux rigueurs du sort, si les premiers ajoutent à leur inconduite l'oubli de leurs devoirs envers eux.

C'est ce qui a fait admettre la reconnaissance volontaire, art. 334, et la reconnaissance forcée, art. 341.

Par la première, les père et mère naturels , désireux de réparer leur faute, assurent la filiation de leurs enfants et les droits qui en découlent, notamment celui de leur succéder. Mais, pour que ces enfants puissent l'exercer, l'article 756 y met certaines conditions : ainsi il faut qu'ils soient reconnus légalement, c'est-à-dire que leur filiation ait été constatée d'après les conditions et les formes exigées par la loi à cet effet. L'article 334 nous apprend quelles sont ces formes, que je n'ai pas le loisir d'étudier ici.

Par la seconde, les enfants conquièrent eux-mêmes leur position et le droit de succéder à leurs parents. Cependant, tous les auteurs ne pensent pas que l'article 756 leur permette de succéder à leurs parents, quand ils n'ont obtenu qu'une reconnaissance forcée. Voici leur raisonnement : l'article 756 exige formellement, pour qu'ils aient le droit de succéder, qu'ils soient légalement reconnus ; or quelle est la reconnaissance que le Code considère comme légale ? C'est celle de l'article 334 et pas une autre. Donc (1). Ce raisonnement est facile à renverser; il suffit pour cela de faire observer que la reconnaissance judiciaire est aussi légale, puisque la loi la reconnaît dans certains cas et la sanctionne de son autorité, articles 340, 341. Ceci me paraît d'autant plus sans réplique, que la logique, non moins que les textes, n'indique aucun motif de différence entre les deux modes de preuve et exige même que la filiation naturelle produise tous les effets que la loi y attache, dès qu'elle

---

(1) En ce sens, Merlin, *Répertoire*, tome XVII, v° *Succession*, section 2, § 2, art 1, et *Questions de droit*, tome IV, v° *Maternité*, p. 281, et *la Thémis*, tome V, p. 229.

a été constatée par un genre de preuve que la loi elle-même autorise (1).

Quant à ceux qui admettent, avec M. Demolombe, que la possession d'état fait preuve de la filiation naturelle, ils accordent, aux enfants naturels qui l'ont établie, les mêmes droits qu'à ceux qui sont reconnus volontairement et judiciairement. La discussion de cette question m'entraînerait trop loin, aussi ne veux-je point l'entreprendre. Toutefois, je ferai remarquer que, même en admettant que la possession d'état fasse une preuve complète de la filiation naturelle, ce qu'il me semble difficile d'admettre en présence du texte précis de l'article 334, il ne s'ensuit pas que ce soit un mode de reconnaissance légale. En effet, le Code n'en parle pas, et, pour arriver à leur démonstration, les partisans de cette doctrine ne peuvent procéder que par analogie. Donc, malgré les puissantes raisons accumulées par M. Demolombe pour la défense de son opinion, je persiste à croire que la possession d'état prouvée ne constitue pas un mode de reconnaissance légale, dans le sens de l'article 756, et ne permet pas aux enfants naturels, qui se fondent sur elle seulement, de succéder à leurs père et mère (2).

---

(1) Ces raisons, que je considère comme décisives, ont fait pencher la jurisprudence en faveur de cette dernière opinion, ainsi que le prouvent les arrêts suivants : Paris, 17 juin 1812 ; Rouen, 17 mars 1813 ; Caen, 7 avril 1832. La grande majorité des auteurs s'est aussi prononcée en ce sens : Delvincourt, tome I, p. 90, note 4 ; Chabot, tome II, art. 750, n° 7 ; Duranton, tome III, n° 255 ; Valette, *sur Proudhon*, tome II, p. 161 ; Demante, tome III, n° 72 bis, IV ; Ducaurroy, Bonnier et Roustaing, tome II, n° 508.

(2) Voir sur cette question, Toullier, II, 970 et 971 ; Marcadé, sur l'art. 340, n° 6 ; Delvincourt, II, p. 234 ; Proudhon, II, p. 143 et 144 ;

L'article 756 semble nous dire que les enfants naturels doivent, pour avoir des droits sur les successions de
leurs père et mère, avoir été légalement reconnus *avant
leur décès*, mais ce n'est pas la véritable pensée de la
loi, et sur ce point je suis d'accord avec la grande majorité des auteurs et notamment avec M. Demolombe. Peu
importe le moment auquel ces enfants sont légalement
reconnus, car cette reconnaissance ne crée pas leur parenté, mais ne fait que la constater.

D'autres pensent que le mot *décédés* de notre article a
rapport aux biens que le défunt laisse au jour de sa
mort, et que ce n'est que sur ces biens que l'enfant naturel peut exercer ses droits. Cette interprétation est
aussi fausse que l'autre, et ce mot *décédés* ne signifie
qu'une chose, à savoir : que ce n'est qu'après le décès de
son père ou de sa mère que l'enfant naturel pourra exercer les droits que lui accorde l'article 756.

Le législateur a ajouté ce mot, pour bien faire voir
qu'il renonçait entièrement à l'idée de *créance* qu'on
avait adopté d'abord, et qu'il s'en tenait au droit de succession de l'enfant naturel, qu'en conséquence, celui-ci
ne pouvait rien réclamer du vivant de ses parents, si ce
n'est des aliments dans la détresse.

Il existe deux exceptions au principe que l'enfant naturel, légalement reconnu, peut réclamer ses droits dans
la succession de ses père et mère. Ces exceptions sont
importantes et méritent examen.

La première se trouve écrite, en ces termes, dans
l'art. 337 : « La reconnaissance faite pendant le mariage

Duranton, III, 238; Demolombe, V, 477 à 480; Aubry et Rau, tome I,
§ 570, p. 703 et 704.

» par l'un des époux, au profit d'un enfant naturel qu'il
» aurait eu avant son mariage, d'un autre que de son
» époux, ne pourra nuire à celui-ci, ni aux enfants nés
» de ce mariage. Néanmoins, elle produira son effet
» après la dissolution de ce mariage, s'il n'en reste pas
» d'enfant. » Cette exception est souverainement équitable ; le législateur n'a pas voulu qu'il dépendit de l'un
des deux époux, qui se serait rendu coupable, avant son
mariage, d'une faute qu'il veut réparer après, d'améliorer le sort de sa famille naturelle aux dépens de la légitime. En effet, son conjoint qui, au moment de son mariage, ignorait l'existence de cette famille naturelle,
serait frustré dans ses plus légitimes espérances s'il
la voyait prendre rang avant lui et ses propres enfants
par le caprice et souvent la vengeance du coupable. Et
M. Bigot-Préameneu rend très-bien cette pensée en disant : « *Ce serait violer la foi sous laquelle le mariage
aurait été contracté.* »

Voici maintenant les conséquences qui me paraissent
découler de cette exception : la reconnaissance pourra
être faite pendant le mariage, mais elle sera limitée dans
ses effets. Toutefois, il faut distinguer le cas où cette reconnaissance est faite par l'un des époux d'un enfant
qu'il a eu d'un autre que son conjoint, de celui où les
deux époux font ensemble cette reconnaissance. Dans le
premier, l'effet en est limité ; dans le second, il ne l'est
pas. Nous pouvons encore rattacher au second cas l'hypothèse où l'enfant naturel reconnu par l'un des con-
joints seulement, serait parvenu à se faire déclarer l'enfant de l'autre, car alors cette reconnaissance étant
indépendante de la volonté de cet époux, ce dernier ne
nuit en rien, par lui-même, aux droits acquis à son

conjoint et à leurs enfants légitimes par le fait du mariage.

Autre conséquence, quand le conjoint et les enfants
du mariage seront hors de cause, les enfants naturels
pourront reprendre tous leurs droits ; il en sera de
même lorsqu'il n'existera que des enfants d'un mariage
dissous antérieurement, ou contracté postérieurement à
la reconnaissance. On voit donc que cette incapacité
dont sont frappés les enfants naturels n'est que rela-
tive (1).

La deuxième exception à notre principe se trouve dans
l'article 761 :

« Toute réclamation, dit cet article, est interdite aux
« enfants naturels lorsqu'ils ont reçu, du vivant de leur
» père ou mère, la moitié de ce qui leur est attribué par
» les articles précédents, avec déclaration expresse de la
» part de leur père ou mère, que leur intention est de
» réduire l'enfant naturel à la part qu'ils lui ont assi-
» gnée. Dans le cas où cette portion serait inférieure à
» la moitié de celle qui devrait revenir à l'enfant natu-
» rel, il ne pourra réclamer que le supplément néces-
» saire pour parfaire cette moitié. »

Cette disposition tout à fait exceptionnelle est de droit
nouveau, et comme toutes les lois nouvelles qui ne se
basent pas sur des principes arrêtés et reconnus, elle a
soulevé de nombreuses difficultés, d'autant plus graves
même que peut-être le caractère de cette innovation,

---

(1) Loiseau, p. 436; Duranton, III, p. 251 ; Chabot, sur l'art. 756,
n°s 7, 4° et 5° ; Demolombe, tome V, p. 470 ; Aubry et Rau, § 568
quater, p. 690.

pas plus que ses différentes conséquences, n'ont été déterminés suffisamment par notre texte (1).

Toutefois, avant de nous engager dans les discussions qu'il soulève, essayons de nous rendre compte de la pensée qui animait le législateur au moment où il créait cette nouvelle disposition. L'enfant naturel, assez puni par le fait même de sa naissance, ne peut pas encore être exhérédé, ce serait trop rigoureux. D'un autre côté, vivant à côté de la famille légitime, il est pour elle un sujet d'inquiétudes et de méfiances mal dissimulées. C'est pour concilier ces deux situations également dignes d'intérêt, pour prévenir les chocs qui pourraient résulter de ce contact fréquent et presque journalier de l'enfant naturel et de la famille légitime que le législateur a édicté notre article (2); et la preuve que c'est bien

---

(1) Quand je dis que cette disposition est de droit tout à fait nouveau, ce n'est peut-être pas entièrement exact, car il est possible que, dans notre matière, les rédacteurs du Code aient pris pour exemple ce qui se passait jadis dans les coutumes, permettant d'apanager les filles lors de leur contrat de mariage. Et si l'hypothèse que j'expose était vraie, on pourrait en tirer un argument en faveur de l'opinion que je vais développer plus bas et qui prétend qu'une donation testamentaire ne suffit pas pour remplir le vœu de l'art. 761.

En effet, tous les commentateurs convenaient que la renonciation à la succession était nulle, si la dot n'avait été stipulée payable qu'après le décès du constituant. (Voir à ce sujet Lebrun, *Traité des successions*, liv. III, ch. VIII.)

(2) On voit, d'après ce que je viens de dire, que mon opinion est que la réduction qu'autorise l'article 761 ne peut avoir lieu qu'au profit de la famille légitime ; mais ceci est controversé, et il s'est formé sur ce point deux autres opinions. La première, soutenue principalement par Zachariæ, Aubry et Rau, tome IV, p. 207, et par Demante, tome III, n° 80 bis, IV, enseigne que la réduction peut profiter non-seulement aux héritiers légitimes, mais encore au conjoint légitime et à l'État ; la seconde admet seulement le conjoint à profiter de la réduction, mais repousse l'État ; elle est proposée par Delvincourt, tome IV, p. 22,

là sa pensée, je la trouve dans les paroles que prononçait le tribun Siméon, le 29 germinal an xi, devant le Corps législatif :

« Si, pour la tranquillité et le repos de leur famille,
» les père et mère ont eu soin d'acquitter de leur vivant
» leur dette envers leur enfant naturel; si, en les payant
» par anticipation, ils ont déclaré ne vouloir pas qu'il
» vînt après eux troubler leur succession, le Code main-
» tiendra cette disposition, lors même que ce don anti-
» cipé n'arriverait qu'à la moitié de la créance ; mais si
» le don était resté au-dessous de la moitié, l'enfant
» pourrait en réclamer le supplément...

» Une pareille donation est utile et pour l'enfant na-
» turel qu'elle fait jouir plus tôt, et pour la famille,
» qu'elle débarrasse d'un créancier odieux ; il est bon
» de la maintenir, mais sous la condition équitable
» qu'elle n'aura pas été excessivement lésive..... »

Chabot, dans son rapport au Tribunat du 26 germinal an xi, admet aussi cette idée : « Il était convenable,
» dit-il, de laisser aux père et mère cette faculté, qui re-
» tiendra les enfants dans les devoirs de la piété fi-
» liale (1). »

Ainsi l'intention du législateur est certaine, on ne peut pas la mettre en doute, mais a-t-il réussi ? C'est une question que je me réserve de traiter après avoir apprécié l'ensemble et les détails de notre article.

Pour que la réduction soit possible, il faut que l'enfant naturel ait reçu une donation de ses père et mère. Or,

---

note 4. L'opinion à laquelle je me suis rangé est soutenue par Demolombe, tome II, *Des successions,* p. 195-198 ; Marcadé, art. 761,
n° 4.

(1) Fenet, tome XII, p. 194 et 231.

la première question qui se présente est de savoir s'il faut
ou non son consentement pour que cette donation soit
valable. Beaucoup d'auteurs, avec la jurisprudence, soutiennent que ce consentement n'est pas nécessaire et
certes, à ne considérer que les travaux préparatoires,
les paroles du tribun Siméon, celles du tribun Chabot,
l'intention présumée du législateur, telle que nous venons
de l'exposer, je n'hésiterai pas à être de cet avis. Ce qui
m'y pousserait encore, ce serait le texte de l'article 761,
qui semble bien reproduire la pensée des rédacteurs,
lorsqu'il porte que les enfants naturels ne pourront rien
réclamer lorsqu'ils auront reçu... *avec déclaration expresse de leur père et de leur mère que leur intention*
est de réduire l'enfant naturel à la portion *qu'ils lui ont
assignée.* Toutes expressions qui supposent l'exercice
d'une faculté purement unilatérale et souveraine, et qui
ne semblent pas impliquer la moindre nécessité d'obtenir
le consentement de l'enfant (1).

Néanmoins ces arguments, quelque spécieux qu'ils
puissent être, ne me paraissent pas décisifs, et j'espère
même démontrer que la doctrine, qu'ils engendrent,
violente le texte de la loi et se trouve en opposition
avec les principes les plus certains du droit civil.

En effet, les enfants naturels ne peuvent plus rien
réclamer *lorsqu'ils ont reçu.* Dans notre hypothèse,
qu'est-ce que recevoir ? si ce n'est acquérir la propriété
des valeurs formant la moitié que les père et mère trans-
mettent à leur enfant. Or, comment s'acquiert la pro-

---

(1) Voir, pour cette première opinion, Douai, 27 février 1834 ; Cassation, 21 avril 1835 ; Toulouse, 27 avril 1845 ; Cassation, 31 août 1847 ;
Metz, 27 janvier 1853 ; Toullier, tome 2, n° 262 ; Duranton, tome VI,
n°ˢ 304 et 305.

priété *inter partes*, sinon par les consentements res-
pectifs du *tradens* et de l'*accipiens* ?

Donc, en s'exprimant ainsi, le texte exige le consentement de l'enfant.

Je corrobore cet argument de texte en remarquant
que le mot *recevoir* est employé, dans l'article 760, dans
le sens que nous venons d'indiquer, et qu'il serait bien
étonnant que le même terme fût employé dans l'article
761 avec un sens tout à fait différent sans que le législateur s'en expliquât.

Quant aux mots *déclaration, intention,* qui se trouvent
dans l'article 761 et dont on argumente dans l'opinion
opposée, ils ne prouvent qu'une chose, c'est que les parents ont *déclaré* que leur *intention* est que l'enfant se
contente, pour sa part, de la donation qu'ils lui font. En
un mot, ce n'est qu'une condition qu'ils mettent à leur
donation, et cette condition ne l'empêche pas de rester
donation et donation entre vifs.

Ainsi le texte est pour moi.

La démonstration des principes sur lesquels repose
ma solution est encore plus claire. Dans quelle classe de
contrats pouvons-nous ranger celui de l'article 761 ?
Pour peu qu'on y réfléchisse, ce ne peut être que parmi
les donations, puisque l'abandon que font les parents a
lieu à titre gratuit, puisque tout le monde le considère
comme un avancement d'hoirie lequel ne peut se faire
qu'au moyen d'une donation entre-vifs (1).

Donc, puisque donation il y a, il est évident qu'il faut
l'acceptation du donataire, dans notre hypothèse, du fils
naturel. Art. 932.

_____

(1) Comparez les articles 711, 843, 919, 1076.

Ce raisonnement me semble victorieux, et le système contraire, quand il essaye d'expliquer par quels moyens les biens donnés à l'enfant naturel peuvent lui être transmis, me paraît tomber toujours dans une impasse dont il lui est fort difficile de se tirer à son avantage.

Mais, objecte-t-on, vous faites faire à l'enfant un pacte sur succession future, et, vous le savez, ces sortes de pactes sont défendus, art. 791 et 1130. La réponse est simple : ce n'est pas mon système qui fait faire le pacte, c'est le législateur qui apporte dans l'article 761 une dérogation à la règle générale contenue dans les articles précités. Et si, du reste, il y a dérogation dans mon système à ce principe, le système opposé est-il à l'abri de ce reproche, lui qui permet aux père et mère, par leur unique volonté, de déroger aux droits successoraux établis par la loi, et renverse de fond en comble, tous les principes sur la manière d'acquérir?

Quant aux travaux préparatoires, ils me paraissent dans leur ensemble être favorables à l'opinion de la jurisprudence ; aussi je ne m'efforcerai pas, comme le font MM. Demolombe et Marcadé, de prouver qu'on peut les interpréter en notre sens. Les principes sont certains en ma faveur, et c'est là l'essentiel. Il ne serait pas étonnant, au reste, que les rédacteurs du Code, établissant un principe nouveau qui leur paraissait concilier à la fois les droits des enfants naturels avec ceux de la famille légitime, n'en aient pas aperçu, dès l'abord, toutes les conséquences, et je puis en outre ajouter que les paroles des tribuns Siméon et Chabot ne sont que l'expression de leur opinion personnelle.

Il ne me reste plus qu'à ajouter un mot, pour réfuter une objection qu'on me fera sans doute et qui est celle-ci : en exigeant le consentement de l'enfant, vous enlevez presque tout pouvoir aux parents de profiter de la liberté que leur accorde l'article, et, par là, vous le rendez inutile du même coup. Je ferai remarquer que ce danger-là est bien peu sérieux, si l'on considère que l'enfant naturel, ordinairement sans ressource, sera trop heureux de recevoir, dès à présent, une somme qui le mettra momentanément à l'abri de la misère, et qui lui permettra même, s'il est industrieux, d'acquérir une fortune et de jouir d'une aisance que ne lui auraient jamais procurée ses droits dans la succession de ses père et mère.

Ainsi, pour résumer mon système en deux mots, je dirai que la réduction qu'autorise l'article 761 ne peut s'opérer que par le moyen d'une donation, et que cette donation, pour être complète et valable, demande nécessairement le consentement de l'enfant naturel (1).

Maintenant que le principe qui ressort de l'article 761 est exposé, passons aux détails. Nous voyons que, pour que la réduction puisse s'effectuer, il est besoin de deux conditions; il faut :

1° Que la donation ait été faite du vivant des père ou mère.

2° Qu'elle soit de la moitié de la part héréditaire de l'enfant naturel.

1° L'article 761 exige formellement cette première condition, et on conçoit que la loi ait voulu assurer à l'enfant naturel, par la possession immédiate d'une partie de ce qui aurait dû lui revenir, une compensation à la réduction qu'elle autorisait.

---

(1) Voir, pour de plus amples développements, Demolombe, *Traité des successions,* tome II, p. 168-183; Delvincourt, tome II, p. 22, n° 3; Chabot, art. 761, n° 3; Marcadé, art. 761, n° 5; Zachariæ, Aubry et Rau, tome IV, p. 215; Demante, tome III, n° 81 bis, I.

Il faut donc reconnaître que cette réduction ne saurait avoir lieu, ni dans une disposition testamentaire ni dans une institution contractuelle, dont l'effet serait reporté après la mort du *de cujus*. Quelques auteurs mêmes pensent qu'elle ne pourrait pas être opérée au moyen d'une donation faite avec réserve d'usufruit ou dont l'exécution aurait été ajournée jusqu'à la mort du père ou de la mère donateur ; mais je crois, et en cela je suis de l'avis de M. Demolombe, que si cette disposition, faite avec réserve d'usufruit ou dont l'exécution est différée jusqu'à la mort du père ou de la mère donateur, a une valeur égale à la moitié de ce qu'aurait eu le fils à leur mort, elle doit être valable. Ce sera là une question d'appréciation laissée à l'arbitrage des tribunaux.

2° A propos de cette seconde condition, on s'est demandé si la moitié à laquelle l'article 761 permet de réduire l'enfant naturel est la moitié de ses droits héréditaires *ab intestat*, ou bien seulement la moitié de sa réserve (1) ; en un mot, si les deux causes de réduction peuvent ou non être cumulées ?

La faculté que l'article 761 accorde aux père ou mère naturels me paraît déjà bien dure et bien rigoureuse pour qu'on veuille l'aggraver encore ; et, pour ma part, je suis convaincu que le législateur n'a pas le moins du monde pensé, par cette disposition, à réduire l'enfant naturel à la moitié de sa réserve seulement. Cela me paraît d'autant plus probable qu'il n'avait pas encore agité cette question, et qu'il ne savait pas même s'il accorde-

---

(1) J'examinerai dans le chapitre IV si l'enfant naturel a droit ou non à une réserve ; pour le moment, je me borne à supposer qu'il en a une.

rait implicitement ou explicitement une réserve à cet enfant. En outre, notre article ne parle que de la *moitié de ce qui lui est attribué par les articles précédents ;* or ces articles ne se réfèrent qu'à la portion *ab intestat* qui doit lui revenir sur la totalité des biens. Donc, c'est à la moitié de cette portion qu'il a droit.

Il me reste à examiner le second alinéa de l'article 761. Certes, rien n'est plus juste que sa disposition. Le législateur ne veut pas, tout en étant sévère pour l'enfant naturel, être injuste à son égard, et lui permet, quand il n'a pas eu la moitié qui doit lui revenir dans les biens de ses père ou mère, de demander à la famille légitime, un supplément pour parfaire cette moitié. Mais il faut avouer que, dans son désir d'être juste, le législateur ne s'est pas aperçu qu'il rendait presqu'inutile l'article 761 tout entier. En effet, son but n'était-il pas, en permettant aux père ou mère de faire un avancement d'hoirie à leur enfant, d'éviter tout contact entre celui-ci et leurs enfants légitimes, de prévenir un choc entre des intérêts si divers et si susceptibles, d'empêcher l'enfant naturel, que l'on considère presque comme un étranger, de venir s'immiscer dans les affaires de la famille et rappeler, en face des cendres encore chaudes du défunt, par sa présence inopportune, une faute et un remords?

Il faut avouer que ce but, atteint par la première partie de notre article, est étrangement manqué par la seconde, et le législateur me semble accorder d'une main ce qu'il refuse de l'autre. En effet, comment l'enfant naturel pourra-t-il savoir s'il possède réellement la moitié à laquelle il a droit, si ce n'est en faisant précisément tout ce que l'article 761, n° 1, avait pour but de prévenir et d'empêcher? En vérité, le second numéro de l'article est une idée malheureuse, et il valait mieux ou ne pas

l'écrire, ou trouver un autre moyen que celui qu'il propose.

Je terminerai enfin, en disant que tel qu'il est, l'article 761 constitue une exception à la règle générale qui
prohibe toutes les renonciations sur successions futures.
En conséquence, la donation qu'il autorise ne peut être
faite que dans les limites qu'il fixe, sinon, l'exception
cessant, la règle inscrite aux articles 791 et 1130 doit
reprendre tout son empire.

Deuxième conséquence.

La deuxième conséquence qui découle de l'article 756, est que les enfants naturels n'ont aucun droit sur
les biens des parents de leurs père ou mère.

Cette conséquence était forcée, pour peu qu'on se rap-
pelle ce qui a lieu, soit en matière de reconnaissance
volontaire, soit en matière de reconnaissance forcée.
Nous savons que ces deux genres de reconnaissance ne
créent de rapports légaux qu'entre le fils reconnu et le
père qui reconnaît. Ce dernier qui répare une faute, ne
peut pas, de cette manière, nuire à sa famille légitime,
en y introduisant de force un membre sur lequel elle ne
devait pas légitimement compter.

Sans doute, l'enfant naturel lui-même peut faire sou-
che et se créer à lui-même une famille légitime; il rentre alors dans le droit commun, et tout se passera dans
cette nouvelle famille, quant à la dévolution des biens,
selon les règles tracées au chapitre III du titre des Successions, avec cette singularité, toutefois, découlant immédiatement de ce que nous venons de dire, que la ligne
ascendante ne remontera pas plus haut que le père de
l'enfant naturel. Ainsi il existera une parenté entre les

descendants légitimes de l'enfant naturel et le père ou la mère qui l'a reconnu. Ce ne sera pas sans doute, comme, le disait Pothier (1), une parenté légitime, mais une parenté naturelle que la loi reconnaît cependant, et à laquelle elle attache elle-même des effets civils importants.

§ 2. — CAS ET CONDITIONS CONCERNANT LES ENFANTS INCESTUEUX OU ADULTÉRINS.

Nous avons vu que, pour que l'enfant naturel ait droit à la succession de ses père ou mère, dans la proportion que lui accordent les articles 757 et 758, il faut qu'il soit légalement reconnu ; or l'enfant adultérin ou incestueux ne peut pas l'être, articles 331, 335, 342. A quoi aura-t-il donc droit? Un degré plus grand de misère et de honte enveloppe sa naissance ; ses père ou mère, plus coupables, doivent être plus punis, et on les frappe en ne leur permettant pas même de reconnaître le fruit de leurs criminelles amours. Mais lui, il est innocent! et le législateur, en frappant avec justice les auteurs de ses jours, n'a-t-il pas craint d'être injuste à son égard ?

Non, car il ne le laisse pas sans secours, il permet de lui donner des aliments ; c'est ce qu'exprime l'article 762, qui, après avoir dit que les dispositions des articles 757 et 758 ne lui sont pas applicables, déclare que : *la loi ne lui accorde que des aliments* (2).

---

(1) *Traité des successions*, ch. II, sect. 1, p. 153.

(2) Placé entre l'excessive rigueur de notre ancienne législation, de laquelle, du reste, la pratique s'était depuis longtemps départie, et l'indulgence scandaleuse de notre législation intermédiaire, le législateur me semble avoir saisi le vrai moyen de concilier la vengeance de l'ordre social outragé, et l'intérêt de l'enfant innocent.

On se demande d'abord quand cet article pourra-t-il s'appliquer, puisque la reconnaissance des enfants adultérins ou incestueux est prohibée ? Cette question, qui peut embarrasser au premier aspect, se résoud facilement. En effet, il est des cas où la filiation adultérine ou incestueuse, sans être l'objet d'une preuve directe, est cependant établie d'une façon authentique et incontestable (1). Je supposerai donc, dans ce qui va suivre, que nous sommes dans un de ces cas. Nous remarquerons ici que notre article n'accorde à l'enfant incestueux ou adultérin, ni le titre, ni les avantages de la qualité d'héritier. Il n'est pas même héritier irrégulier ; et cela est si vrai, que dans le cas où ses père ou mère n'auraient laissé aucun autre héritier, ce ne serait pas lui, mais l'Etat qui recueillerait leur succession. Ce n'est qu'un malheureux qui vient réclamer de l'auteur de ses maux, le moyen de vivre, ce n'est, pour tout dire, que le créan-

---

(1) Je ne m'attacherai pas à montrer comment cela peut se faire : ce serait sortir du cadre que je me suis tracé dans cette étude; je me bornerai seulement à citer les cas dans lesquels cette reconnaissance indirecte peut avoir lieu :

1° Un mariage a été contracté de mauvaise foi, en contravention avec les articles 147 et 161-163 ; il a été depuis annulé pour cause de bigamie ou d'inceste, l'enfant qui en est le fruit, sera forcément adultérin ou incestueux.

2° Il l'est également, lorsque, dans les cas prévus par les articles 312, alinéa 2, 313 et 325, il a été judiciairement déclaré que l'enfant conçu par la femme mariée n'a point pour père le mari.

3° Enfin il l'est encore, lorsque par erreur de fait ou de droit, un jugement non susceptible d'être réformé, a admis une recherche de paternité dont le résultat a été de constater une filiation incestueuse ou adultérine. V. Demolombe, tome V, n° 581 et suiv.; Aubry et Rau, 572, p. 722; Marcadé, sur l'art. 335, n° 3 et sur l'art. 342, n° 2 ; Cassation, 31 juillet 1860, et rejet de la Chambre des requêtes, du 12 décembre 1854.

cier d'une dette d'aliments, et son droit offre tous les caractères d'une créance. Nous discuterons dans le chapitre
suivant quelle est la nature de cette créance et quelle
peut être sa quotité.

CHAPITRE III.

Quotité des droits des enfants naturels simples, adultérins ou incestueux.

J'ai déterminé la nature du droit des enfants naturels, ainsi que les cas et conditions dans lesquels ils
peuvent les exercer. J'aborde maintenant le nœud de la
question, pour ainsi dire, une matière grosse de controverses et de difficultés. Le législateur, hésitant entre plusieurs systèmes, n'avançant qu'avec des tâtonnements
infinis, abandonnant un instant une opinion pour la reprendre ensuite, ne nous a laissé qu'une rédaction lourde,
embarrassée, indécise, de laquelle il est difficile, pour ne
pas dire impossible, de faire jaillir, claire et lumineuse,
l'idée philosophique qui a dû le guider dans la tâche
périlleuse et délicate qu'il s'était imposée. Aussi sur ce
point, les auteurs ne sont-ils pas d'accord, et nous voyons
presque autant d'opinions apparaître que d'ouvrages
nouveaux. Je m'efforcerai d'apporter dans la discussion toute la clarté possible, en réclamant d'avance, des
lecteurs, l'indulgence que mérite un sujet si difficile.

Je reproduis la même division que dans le chapitre
précédent : un paragraphe est consacré aux enfants naturels simples, un autre aux enfants adultérins et incestueux.

§ 1. — QUOTITÉ DES DROITS DES ENFANTS NATURELS SIMPLES.

Voyons d'abord les textes qui règlent cette quotité :

Article 757 : « Le droit de l'enfant naturel sur les
» biens de ses père ou mère décédés est réglé ainsi
» qu'il suit :

» Si le père ou la mère a laissé des descendants légi-
» times, ce droit est d'un tiers de la portion héréditaire
» que l'enfant naturel aurait eue s'il eût été légitime ; il
» est de la moitié lorsque les père ou mère ne laissent
» pas de descendants, mais bien des ascendants, ou des
» frères et sœurs ; il est des trois quarts lorsque les père
» et mère ne laissent ni descendants, ni ascendants, ni
» frères ni sœurs. »

Art. 748 : « L'enfant naturel a droit à la totalité des
» biens lorsque ses père ou mère ne laissent pas de pa-
» rents au degré successible. »

Un mot sur le motif qui a dicté ces dispositions, parce
qu'il va nous servir à résoudre une difficulté qu'a fait
naître le texte de la loi. L'article 756 refuse à l'enfant
naturel le titre d'héritier, et cela pour des motifs que
j'ai déjà longuement expliqués, et l'article 758 ne lui
accorde la totalité de la succession de ses père et mère
que lorsqu'ils ne laissent aucun parent au degré successible. Quelqu'éloigné que soit ce degré, le parent qui le
représente n'en est pas moins, de par la loi, investi des
biens du défunt, par préférence au bâtard, et chargé par
elle de lui accorder la délivrance de ce qui lui revient. Si
donc elle permet à cet héritier de retenir une portion
de ces biens, c'est afin que l'honneur qu'elle lui fait ne
soit point stérile et ne constitue pas une véritable dé-
ception.

Elle demeure ainsi fidèle à son principe, qui est d'accorder à la famille légitime des honneurs et des avantages qu'elle enlève à la famille naturelle.

D'autre part, en mettant l'enfant naturel, dont la capacité ne change pas, dans le cas de concourir avec tous héritiers du sang, auxquels cependant elle reconnaît des aptitudes diverses et qu'elle a groupés en différentes catégories, selon qu'ils sont d'un degré plus ou moins rapproché, la loi devait logiquement ne point accorder au premier un droit uniforme, mais faire augmenter ou diminuer sa portion successorale, selon qu'il concourrait avec des parents plus ou moins éloignés ; c'est là, je le pense, ce qu'est venu consacrer l'article 757.

Il accorde à l'enfant des droits plus ou moins étendus, selon que ses co-successeurs tiennent de plus ou moins près au défunt, et je ne saurais partager l'opinion de quelques auteurs et de la jurisprudence (1) qui prétendent que le mot *laisse*, employé par notre article 757, signifie qu'il suffit que le défunt laisse seulement un enfant légitime, même renonçant, pour que l'enfant naturel soit réduit au tiers de ce qu'il aurait eu s'il eût été légitime, quand même cet enfant ne serait en concours qu'avec un héritier du douzième degré. Franchement, outre que c'est faire bien bon marché des affections présumées du défunt, il faut avouer que c'est s'attacher à interpréter bien grammaticalement, bien judaïquement le mot *laisse*. Cependant on insiste et l'on dit : La part de l'héritier renonçant accroît à ses cohéritiers ; s'il est seul, elle est dévolue au degré subséquent (art. 786); or, l'enfant naturel n'est point héritier (art. 756); donc, etc.

Ce syllogisme est spécieux, mais il est aisé d'en démontrer la fausseté. La majeure n'est pas exacte. En effet, le mot *héritier* est pris, dans l'article 786, dans son

(1) Voir les arrêts de cassation, du 31 août 1847 ; de Nancy, du 25 août 1831 ; de cassation, du 15 mars 1847. Ces arrêts semblent confondre deux hypothèses que je distinguerai tout à l'heure.

acception générale et non dans le sens restreint qu'on lui donne ici ; ce qui le prouve, c'est que la suite de l'article s'applique évidemment aux successeurs irréguliers; or, dans ce sens général, on peut parfaitement comprendre l'enfant naturel.

En outre, l'article 785, en nous disant que l'héritier qui renonce est censé n'avoir jamais été héritier, me paraît trancher d'une façon décisive la question en mon sens (1).

J'ai supposé, en réfutant la doctrine adverse, que le parent successible laissé par le père ou la mère naturel, étant renonçant ou indigne, se trouvait remplacé par un autre parent appartenant à une classe inférieure. Mais il est une autre hypothèse qu'il faut soigneusement distinguer de celle-là, avec laquelle on la confond trop souvent, et que M. Demolombe, le premier, je crois, a parfaitement fait ressortir : c'est le cas où le parent successible que le père ou la mère de l'enfant naturel a laissé, se trouve privé de la succession par des dispositions à titre gratuit. Je suppose que ce parent soit un frère du défunt privé de toute la succession par un legs universel fait à un étranger. Faudra-t-il tenir compte de son existence, quoiqu'il soit écarté par le légataire, pour le règlement de la part qui doit revenir à l'enfant naturel? A ne considérer que la surface des choses, on serait tenté de soutenir la négative, et on le ferait pour faire concorder cette décision avec la première que j'ai donnée. En effet, dira-t-on, puisque vous interprétez le mot *laisse*

---

(1) Voir Delvincourt, tome II, p. 21, note 8; Duranton, tome VI, n° 285 ; Marcadé, sur l'art. 757, n° 4 ; Demante, tome III, n° 75 bis, ɪ; Zachariæ, Aubry et Rau, tome IV, p. 213; Demolombe, tome II, *Traité des successions*, p. 59-65.

dans le sens de : *laisse comme héritier*, et que vous
dites que ce n'est qu'autant que le successible accepte
ou n'est pas déclaré indigne qu'il peut faire réduire la
part afférente à l'enfant naturel, vous devez, dans l'hypothèse, déclarer que puisque le frère est écarté de la
succession par le légataire universel, sa présence ne doit
en rien influer sur la part qui revient à l'enfant naturel (1). Cette conclusion paraît tout d'abord assez logique,
mais avec elle on aboutit à ce résultat singulier que, plus
le défunt a fait de libéralités, plus il a, par cela même,
augmenté la part de l'enfant naturel; qui ne voit que ce
système permettrait au père ou mère de donner à
leur enfant naturel, indirectement, plus que la loi ne
le permet, au détriment de leurs parents légitimes et au
mépris de ces hautes considérations de moralité publique,
au nom desquelles elle a voulu protéger l'honneur du
mariage et les droits de la famille.

Il faut essayer de concilier notre décision actuelle avec
celle que j'ai donnée tout à l'heure, ce qui se peut fort
bien faire, quoiqu'elles soient, en apparence, contradictoires.

J'ai en effet prétendu que le mot *laisse*, employé dans
les articles 757 et 758, signifie un héritier acceptant et
qui n'a point été écarté comme indigne; or, dans notre
hypothèse, le frère a-t-il renoncé ou a-t-il été déclaré
indigne ? Nullement : son droit, son titre d'héritier
existe, mais il est réduit à l'état latent, si je puis m'exprimer ainsi, par la présence du légataire universel qui
lui est substitué. Ce droit est si réel que c'est à ce frère

---

(1) Voir en ce sens, Paris, 16 juin 1838; Toulouse, 8 juin 1839;
Arrêt de la Cour de cassation, du 14 mars 1837; Delvincourt, tome II,
p. 22, note 4.

que compètent les actions en nullité du testament, et que
c'est lui qui recueillerait la succession si le legs était
caduc ; il est donc héritier, et il l'est suffisamment pour
représenter le principe de la famille légitime, s'opposant
aux envahissements de la famille naturelle (1). On voit
donc qu'au fond nos deux solutions ne sont point contradictoires, et c'est ce que je voulais démontrer.

Si maintenant, revenant de cette digression, on nous
a entraîné un détail de rédaction de nos deux articles, on
veut se donner la peine de relire attentivement l'article
757, on restera convaincu que l'idée du législateur, le
principe dont il est parti pour régler la part des enfants
naturels en concours avec les différents ordres d'héritiers est le suivant : *Supposer hypothétiquement que cet
enfant est légitime et lui accorder une portion de la
part qu'il aurait eue, en tenant pour vraie cette supposition.* D'où il résulte évidemment que c'est sur la totalité de la succession que doit être calculée la part de
l'enfant naturel d'après le procédé que nous venons d'indiquer (2).

---

(1) La solution que je donne ici est adoptée par un grand nombre
d'arrêts ; elle tend même à s'introduire définitivement en jurisprudence,
ainsi que le prouvent les arrêts suivants : Paris, 16 juillet 1839 ; Cassation, 11 mai 1840 ; Toulouse, 29 avril 1845 ; Cassation, 15 mars
1847 ; Cassation, 31 août 1847 ; Amiens, 23 mars 1854 ; Paris, 9 juin
1834 ; Grenoble, 20 décembre 1858. La plupart des auteurs l'ont également adoptée. Voir Merlin, *Questions de droit*, v° *Réserve* ; Toullier,
tome II, n° 266 ; Duranton, tome VIII, n° 327 ; Zachariæ, Aubry et Rau,
tome V, p. 182 ; Marcadé, art. 916, n° 551 ; Gros, *Des droits successoraux des enfants naturels* ; Troplong, *Des donations et des testaments*,
tome II, n°s 634 et 767 ; Demolombe, tome II, *Des successions*, p. 65-71.

(2) On a, un temps, soutenu que la part de l'enfant ne devait être
prise que sur la quotité qui lui serait revenue à titre de réserve, s'il eût
été légitime. Cette prétention n'a pas eu de succès et n'en devait pas

Sous le bénéfice de ces observations préliminaires, je vais essayer de résoudre les nombreux problèmes auxquels donnent lieu nos deux articles; et comme le législateur y distingue plusieurs cas, je ferai comme lui, m'occupant : 1° du cas où l'enfant naturel se trouve en concours avec des enfants légitimes ; 2° de celui où il se trouve en concours avec des ascendants ou avec des frères et sœurs ; 3° de celui où il se trouve en concours avec des collatéraux plus éloignés ; 4° de celui où il est seul. Enfin, dans un appendice je verrai si, dans ces différents cas, les enfants ou descendants de l'enfant naturel peuvent exercer les droits qui lui sont accordés dans la succession de ses père et mère.

PREMIER CAS. — L'enfant naturel est en concours avec des enfants légitimes.

Voici comment il est réglé par le texte de l'article 757 :

« Si le père ou la mère a laissé des descendants légi-
» times, ce droit est d'un tiers de la portion héréditaire
» que l'enfant naturel aurait eue s'il eût été légitime. »

Il est à remarquer que cette disposition est la même que celle des articles 13 et 15, de la loi du 11 brumaire an IV, que j'ai reproduit dans la troisième partie de cette étude, et qui s'appliquait aux enfants adultérins.

Cette disposition, si nette et si simple lorsqu'il ne s'agit que d'un enfant naturel en concours avec un ou plusieurs enfants légitimes, se trouve, au contraire,

---

avoir, car les articles 757 et 758 combinés la repoussent absolument. Voir pourtant un arrêt de cassation, du 28 janvier 1808, et Merlin, *Répertoire*, v° *Successions*, sect. 2, § 2, art. 1, n° 4.

d'une application si difficile, quand il s'agit de plusieurs enfants naturels en concours avec plusieurs légitimes, qu'on se demande réellement si le législateur a eu en vue cette dernière hypothèse, en rédigeant l'article 758. Il faut cependant les examiner l'un et l'autre : la première ne nous retiendra pas longtemps, mais il sera nécessaire d'insister beaucoup plus sur la seconde.

Première hypothèse. — Concours d'un seul enfant naturel avec des enfants légitimes.

Un homme meurt laissant un enfant légitime et un enfant naturel, que ferons-nous en présence de l'article 757, et comment nous y prendrons-nous pour déterminer leurs parts respectives ?

Le voici, en s'attachant strictement aux termes mêmes de l'article : il faut supposer d'abord que l'enfant naturel est légitime, et déterminer la portion qui lui reviendrait dans cette supposition, puis en prendre le tiers. Ce tiers sera la portion définitive qui doit lui revenir dans l'héritage paternel. Rien n'est plus simple et plus clair.

Exemple : un enfant naturel, un légitime, la succession égale 12. Si l'enfant naturel était légitime, il aurait 6, le tiers de 6 est 2. Donc 2 sera sa part définitive.

Peu importe le nombre des enfants légitimes, le mode de calcul sera toujours le même : soit un enfant naturel et douze enfants légitimes et le montant de la succession 12. Si l'enfant naturel était légitime, il aurait droit à 1; naturel, il n'a droit qu'au tiers de 1. L'article 757 attribue donc, on le voit, à l'enfant naturel, *le tiers de la portion qu'il aurait eue s'il eût été légitime*, et non pas *le tiers de la portion héréditaire d'un enfant légitime*, formule qui diffère profondément de la première dans ses résultats, ainsi qu'on peut le voir en y réfléchissant un peu.

Maintenant, connaissant le texte et l'intention probable du législateur (1), si nous nous permettons d'examiner laquelle des deux formules est la meilleure en législation, je n'hésiterai pas à dire que la seconde vaut mieux. Celle qu'a adoptée le Code a été l'objet de nombreuses critiques, dont je ne citerai que la principale.

Si nous considérons ce tiers de la part qu'aurait eu l'enfant naturel s'il eût été légitime dans ses rapports, avec la portion qu'obtiennent les véritables enfants légitimes, nous verrons qu'il représente le cinquième de cette portion quand il n'y a qu'un enfant légitime, le quart s'il y en a deux, les trois onzièmes s'il y en a trois, et ainsi de suite en se rapprochant toujours du tiers de cette portion sans jamais pouvoir l'atteindre.

Ainsi résultat aussi bizarre qu'inattendu ! plus il y a d'enfants légitimes, plus est grande la part de l'enfant naturel ! L'union illicite et passagère est favorisée aux dépens des liens sacrés, et indissolubles du mariage ! Certes, je suis convaincu que le législateur en rédigeant l'article 757, était loin de s'attendre à cette inconséquence, devant laquelle il aurait lui-même reculé ; mais si nous pouvons critiquer la loi, nous ne pouvons la refaire, et force nous est de la suivre, lorsque son sens est si clair et si précis.

M. Blondeau cependant, et il est le seul, a protesté, en essayant de faire prévaloir la seconde formule, beaucoup

---

(1) Je dis *l'intention probable* du législateur, parce que l'interprétation que j'ai donnée de l'art. 759, étant la plus simple et la plus claire, on peut très-légitimement en conclure que c'est précisément celle qu'il avait en vue en le rédigeant.

plus juste il est vrai, car au lieu de faire dépendre la
part de l'enfant naturel d'un rapport, variable selon le
plus ou moins grand nombre d'enfants légitimes, elle
lui donne une part fixe, dont le rapport, basé sur ce qui
revient à chaque enfant légitime, est toujours constant.
Cette formule logique a été adoptée, à ce qu'il paraît, par
le Code d'Haïti, article 608, et il me semble étonnant
qu'un pays à peine civilisé jouisse, sur ce point, de lois
plus équitables que celles de la France. Dans le système
de M. Blondeau, la bizarrerie que je reproche, à notre législation, disparaît avec la cause qui la produit et si, en
droit, nous sommes forcés de rejeter son interprétation,
il faut bien reconnaître qu'en principe son système serait infiniment préférable (1).

Il va sans dire, que lorsque l'un des enfants légitimes
avec lesquels l'enfant naturel est en concours, vient à
décéder, ses enfants le représentent, et tout se passe
comme précédemment; mais s'il est renonçant ou indigne, sa part accroît à l'enfant naturel , comme aux
autres légitimes, seulement selon la portion qui doit lui
revenir.

Mais qu'arrivera-t-il si tous les enfants légitimes sont
renonçants ou indignes, et que les petits-enfants, arrivant
de leur chef, se trouvent en présence de l'enfant naturel ?

M. Duranton a prétendu que la portion de l'enfant naturel ne serait, en pareil cas, que d'un neuvième de l'hé-

_____

(1) Tous les auteurs sont unanimes dans la question et admettent,
mes conclusions en critiquant le système de la loi. Voir Demolombe,
tome II, du *Traité des successions*, p. 73-79 ; Marcadé, sur l'art. 757,
n° 1 ; Gros, *Des droits successoraux des enfants naturels*, n°s 14, 15, 16 ;
Aubry et Rau, tome V, § 605, p. 102.

rédité. Mais à mon avis cette opinion est complétement
inconciliable avec la disposition qui fixe la portion de
l'enfant naturel au tiers de ce qu'il aurait eu s'il eût été
légitime et qui, par cela même, lui attribue nécessairement le tiers de l'hérédité, dans le cas où il aurait dû,
comme enfant légitime, recueillir l'hérédité tout entière (1).

Deuxième hypothèse. — Concours de plusieurs enfants naturels
avec des légitimes.

Cette hypothèse est, ainsi que je l'ai annoncé, beaucoup plus difficile que la précédente, et l'ambiguïté des
termes de notre article a donné naissance à une foule de
systèmes que je ne veux pas m'arrêter à tous examiner
successivement. Je me bornerai à trois principaux. Le
premier est celui de la jurisprudence qui n'a jamais va-
rié et a toujours maintenu fermement son opinion dans
la question qui nous occupe. Le second me paraît le plus
juste, le plus équitable et le plus conforme peut-être
aux termes de l'article; mais il me paraît trop compliqué
pour être entré dans les prévisions du législateur, et c'est
probablement pour cela que la pratique ne l'a pas adopté. Enfin, le troisième, nommé par son auteur M. Gros,
avocat du barreau de Lyon, le système de répartition, est
très-ingénieux, mais trop évidemment contraire à l'esprit et à la pensée de la loi pour qu'on puisse l'adopter.
Ce ne sera jamais qu'une belle spéculation.

---

(1) Voir Duranton, tome VI, n° 274; Chabot, art. 757, n° 5; Taulier, tome III, p. 173, et contre l'opinion de ces messieurs : Demolombe, tome II, du *Traité des successions*, p. 81-84; Marcadé, sur l'art.
757, n° 1; Aubry et Rau, tome V, § 605, p. 103.

Le premier système ne prend pas à la lettre, mais au figuré, ces mots *enfant naturel* qui sont écrits dans l'article, et, en cela, il a raison. Souvent, en effet, le législateur emploie cette tournure de langage pour synthétiser davantage sa pensée, et c'est vraiment y attacher trop d'importance, que de vouloir la prendre sur le pied de la lettre. Au reste, ce système a d'autant plus raison d'interpréter ainsi ces mots que nous trouvons, dans les travaux préparatoires, la preuve que c'est ainsi que le législateur voulait qu'ils fussent entendus. En effet, l'art. 55 du projet employait aussi cette expression *enfant naturel*, au singulier ; et, après avoir attribué à cet enfant le quart de la succession, lorsqu'il n'existait ni enfants légitimes, ni ascendants, il ajoutait cette explication : « Dans ce dernier cas, *tous les enfants naturels,* » *en quelque nombre qu'ils soient,* ne peuvent prendre » ensemble que le quart de la succession (1). » Nous retrouvons également la même intention dans le Code lui-même. Ainsi notre chapitre IV est intitulé : Des Droits *des enfants naturels.* L'article 756 ne parle qu'au pluriel des *enfants naturels*, et si nous lisons la discussion qui s'éleva sur cet article, nous voyons que tous ceux qui y prirent part se servirent constamment des mêmes expressions (2).

Il est donc infiniment probable que nos deux articles ont tous les deux l'intention de parler de tous les enfants naturels, et que, si le second emploie un tour différent du premier, c'est, comme je le disais tout à l'heure, dans le but de généraliser, de synthétiser la question. De plus,

---

(1) Voir Fenet, tome II, p. 134.
(2) Fenet, tome XII, p. 29.

comment se fait-il que les adversaires de ce système, qui tiennent si fort à ce singulier quand l'enfant naturel est en concours avec des enfants légitimes, accordent tous ensuite, unanimement et de si bonne grâce, qu'on peut l'entendre au pluriel quand il est en concours avec des ascendants ou des collatéraux.

Ainsi, le législateur se donne la peine de réunir en un seul article les fixations diverses des parts qui doivent revenir aux enfants naturels ; et l'on pense qu'il va s'amuser à parler, tantôt d'un enfant naturel seul, tantôt de plusieurs, et cela sans motif apparent, sans prévenir personne. C'est une supposition par trop gratuite, et, pour moi, j'aime mieux m'en tenir à sa pensée, telle que me l'indiquent les articles 756 et 757 pris dans leur ensemble.

Je crois donc, avec le premier système, que le mot *enfant naturel* comprend tous les enfants naturels, quels qu'ils soient.

Le mode usité en jurisprudence est d'une simplicité extrême, et c'est ce qui explique en grande partie la vogue d'un système qui n'est pas sans objection.

Je suppose deux enfants naturels et un légitime. La jurisprudence dit : Si ces deux enfants naturels eussent été légitimes, ils auraient eu droit chacun à un tiers de la succession que nous supposons s'élever à 9, ils auraient eu, chacun, 3, par conséquent; comme ils sont naturels, ils ne doivent avoir que le tiers de cette part, c'est-à-dire 1. On voit que tout consiste à prendre les enfants naturels en bloc, à les supposer légitimes, à diviser la succession en autant de parts qu'il y a de têtes, puis à réduire au tiers la part afférente à chaque enfant naturel et attribuer les deux tiers restants, de chacune de ces parts, à la masse qui revient aux enfants légitimes ; et, pour simplifier encore, il suffit de multiplier, par le nombre trois, chaque enfant, soit légitime, soit naturel, sans distinction, et, dans le total ainsi obtenu, la part de chaque enfant naturel consistera dans une unité (1).

Ce système est-il bien l'expression de la pensée du législateur telle qu'il nous la donne dans l'article 757 ? Applique-t-il ce texte exactement ? et se trouve-t-il enfin parfaitement conforme à l'équité et aux principes ? C'est ce que je me permettrai d'examiner.

D'abord, je n'hésite pas à affirmer que ce système est très-probablement celui que le législateur avait en vue, lorsqu'il a édicté l'article 757. Il a voulu qu'on employât le mode de calcul qu'il emploie, et cela malgré l'inexactitude forcée et le peu de précision auxquels il aboutit et qui ont soulevé, de la part de quelques auteurs, de si justes réclamations, au nom des principes et de l'équité. Cela me paraît d'autant plus évident que cette interprétation était la plus simple, celle qui a dû lui sauter aux yeux, lui venir naturellement à l'esprit, et certainement il ne s'est préoccupé ni de complications trop grandes, ni de calculs mathématiques trop savants.

Une autre preuve, qui ne me paraît pas non plus manquer d'importance, est la suivante : l'article 757 reproduit, sinon dans les mêmes termes, au moins tout à fait dans son esprit, l'article 13 de la loi de brumaire

---

(1) Ce système a pour lui, comme je l'ai dit au texte, une jurisprudence constante, ainsi que le prouvent les arrêts suivants : Cassation, 26 juin 1809; Cassation, 28 juin 1831, et la grande majorité des auteurs : Demolombe, tome II, *Des successions*, p. 84-90 ; Merlin, *Questions de droit,* v° *Réserve,* §§ 1 et 2 ; Delvincourt, tome II, p. 21, note 5 ; Duranton, tome VI, n°s 275-278 ; Demante, tome III, n° 75 bis, IV et V ; Marcadé, art. 757, n° 3 ; Aubry et Rau, tome V, § 605, p. 102-104.

an ii, que j'ai analysée dans la troisième partie. Or, les rédacteurs du Code ont dû voir appliquer cette disposition, quoique je n'aie trouvé aucun arrêt sur ce sujet ; ils ont dû voir, à propos des enfants adultérins, les conflits auxquels nous assistons maintenant à propos des enfants naturels. Mais comment se réglaient-ils ? Comment calculait-on la part qui revenait aux enfants adultérins ? Toute la question est là ; et, si nous trouvions quelque part le mode de calcul qui était alors adopté, elle serait résolue. Mais j'ai eu beau chercher dans les travaux préparatoires de l'époque, c'est-à-dire dans le *Moniteur* de brumaire an ii, dans les auteurs qui s'occupaient alors de ces questions (1), dans le Bulletin des arrêts de la Cour de cassation, il m'a été impossible, au milieu de toutes les déclamations qu'on y voit sur les enfants naturels, de trouver le mode de calcul adopté pour le partage des biens entre les enfants adultérins et les autres enfants du défunt.

Toutefois, dans ces temps de désordre, où tout se faisait à la hâte et au jour le jour, on devait encore moins s'aviser de calculs compliqués, que lorsque la société, s'étant assise sur de nouvelles et durables bases, on chercha quel sort on devait faire aux enfants naturels.

Donc, il est très-probable que le mode de calcul qu'adopte le premier système, est celui qu'adopta la pratique, avant le Code, et on peut induire, très-légitimement et non sans une certaine force que, si le législateur de 1804, en donnant aux enfants naturels simples ce que la loi de brumaire attribuait aux enfants adulté-

---

(1) Notamment dans les *Questions transitoires* de Chabot, tome I, p. 397 et suiv.

rins, n'a pas averti que le mode de calcul serait autre que celui qui était usité dans la pratique ou que tout le monde avait alors à l'idée, c'est qu'il voulait qu'il fût le même et qu'on n'y changeât rien.

Cet argument, qui ne repose, il est vrai, que sur une présomption, me paraît néanmoins d'un grand poids ; aucun auteur, que je sache, ne l'a assez mis en relief ; et c'est cependant, je l'avoue, celui qui me fait pencher le plus vers le premier système, dont je vais maintenant discuter les imperfections et les objections qu'elles ont soulevées.

D'abord, il est évident que les travaux préparatoires et la discussion de nos articles ne peuvent rien fournir en sa faveur, autre que ce que nous en avons tiré tout à l'heure à propos de ces mots : *enfant naturel*, qui doivent être pris au pluriel et signifier la famille naturelle tout entière, et non au singulier, comme le veut le système de M. Gros que je réfuterai tout à l'heure.

Le texte de notre article lui-même paraît, à vrai dire, plutôt favoriser le deuxième système que celui de la jurisprudence, si on fait abstraction de la volonté du législateur.

En effet, d'après le texte même, les enfants naturels doivent avoir le tiers de ce qu'ils auraient eu s'ils eussent été légitimes. Or, la jurisprudence ne leur accorde pas ce tiers tout entier, puisque s'ils eussent été légitimes, ils auraient eu droit à partager, avec les autres enfants légitimes, la masse formée par les deux tiers qui sont enlevés à chaque enfant naturel. Donc ils devraient avoir sur cette masse le tiers de ce qu'ils auraient eu s'ils eussent été légitimes.

A ce sujet, voici ce que dit M. Demolombe dans son remarquable Traité des successions : « Et d'abord quant

» à l'objection qui consiste à dire, d'après l'article 757,
» que l'enfant naturel devrait avoir, comme s'il eût été
» légitime, une portion dans les retranchements opérés
» sur la part des autres enfants naturels, cette objection
» suppose que les enfants naturels ne doivent être con-
» sidérés comme légitimes, d'après l'article 757, que
» successivement et les uns après les autres ; or nous
» avons établi, au contraire, que d'après cet article même
» les enfants naturels doivent tous être considérés en
» même temps comme légitimes ; donc *cette première*
» *objection n'est qu'une pétition de principe qui se*
» *trouve déjà d'avance réfutée.* »

Le raisonnement du savant auteur serait vrai, s'il réfu-
tait le système de ceux qui pensent qu'il faut prendre
successivement un enfant naturel pour lui accorder , sur
la masse formée de ce qu'on enlève à ses frères, le tiers
de ce qu'il aurait eu s'il eût été légitime. Mais le système que je vais développer tout à l'heure , prend bien,
comme celui de la jurisprudence, tous les enfants naturels ensemble, par conséquent il évite le reproche de
M. Demolombe.

Ainsi ce système se base d'abord sur le texte, en affir-
mant que les travaux préparatoires ne peuvent jeter aucune lumière sur la question. Mais il se garde bien de
parler de l'analogie qui existe entre l'article 13 du dé-
cret de brumaire et l'article 757 , car cette analogie serait sa condamnation, et une preuve assez bonne selon
moi, qu'il va construire un échafaudage de raisonnements, conformes sans doute aux principes et à l'équité,
mais certainement contraires à l'intention du législateur;
intention, que la ressemblance entre les deux articles,
rend infiniment probable et qui sera l'écueil où viendront toujours échouer les systèmes les plus solides et les

mieux construits. Il élude la question en montrant les inconvénients, le défaut de logique et d'équité du premier
système.

En effet, dit-il, voilà, d'un côté, un enfant naturel en
présence d'un enfant légitime et d'un enfant naturel et,
de l'autre, un enfant naturel en présence de deux enfants
légitimes. Ces deux situations ne se ressemblent pas,
évidemment. Quelle sera la solution qui devra découler
des principes et de l'équité ? L'enfant naturel mérite plus
de faveur dans le premier cas que dans le second, et les
situations n'étant pas identiques, les solutions ne peuvent
pas être les mêmes. Ce serait tout comme si, en mathématiques, de théorèmes différents , on voulait tirer les
mêmes conclusions. Eh bien, cependant, c'est ce que
fait le premier système ! et il se tire de cette impossibilité
en disant que le législateur a pu vouloir cela ! Non, il ne
l'a pas voulu, il n'a pu le vouloir !

Autre objection importante qu'il fait contre le système
adopté par la Cour de cassation et dont j'avoue, tout le
premier, la gravité. Ce système peut avoir des résultats de plus en plus préjudiciables pour les enfants
naturels, à mesure que leur nombre augmente ; en
sorte que la part qui revient à la famille légitime est
hors de proportion avec celle qui revient à la famille
naturelle. On comprend l'importance de cette remarque,
on voit que dans la répartition qu'elle fait de la fortune du
défunt, la Cour de cassation tend à détruire cette espèce d'équilibre que le législateur s'est efforcé d'établir
entre les droits de la famille légitime et ceux de la famille naturelle. Je réponds que, si son système présente en effet ce côté fâcheux, les autres, le second système y compris, en présentent un bien plus fâcheux
encore, en ce qu'au lieu de sacrifier la famille natu-

relle à la famille légitime, ils sacrifient la famille légitime à la naturelle. Cette réponse, quoique mauvaise au fond et ne justifiant pas en droit la première opinion, doit la faire cependant et sans hésitation préférer à tout autre système qui admet ce dernier résultat, car il est bien évident que si la législation a voulu favoriser à l'excès une des deux familles et au delà des justes limites, c'est certainement la famille légitime et non la naturelle.

Le second système que je vais établir atténue toutefois tellement l'objection, que si on est de bonne foi, ce n'est pas cela qui devra faire hésiter à l'admettre.

Voici son raisonnement : si nous lisons attentivement l'article 757, nous y voyons trois hypothèses distinctes. Examinons d'abord les deux dernières qui n'offrent aucune controverse. Dans la seconde, il prévoit le cas où la famille naturelle, représentée par des enfants, est en concours avec la famille légitime, représentée par des ascendants ou des frères ou sœurs du défunt. Comment la règle-t-il ? Il partage la succession en deux, moitié à la famille naturelle, moitié à la famille légitime. Dans la troisième, il met, dans la famille légitime, à la place des ascendants ou des frères et sœurs, des collatéraux, et il attribue les trois quarts de la succession à la famille naturelle, et le quart restant à la légitime.

Dans ces deux hypothèses, les enfants naturels ont exactement la moitié ou les trois quarts de ce qu'ils auraient eu s'ils eussent été légitimes. C'est mathématique, rigoureux.

Pourquoi la loi, si juste dans ces deux hypothèses, ne le serait-elle pas aussi dans la troisième ? Les enfants naturels ont-ils des besoins moins grands, ou sont-ils plus coupables ? Et ne doit-on pas, puisqu'on leur

enlève davantage, ne leur enlever au moins que ce
qu'exige la justice ? Évidemment ce raisonnement a dû
être celui des rédacteurs du Code ; car, s'ils n'eussent
pas voulu qu'une aussi impartiale justice présidât à ce
cas qu'aux deux autres, s'ils eussent été d'avis de traiter
plus rigoureusement les enfants naturels, lorsqu'ils sont
en présence d'enfants légitimes, que lorsqu'ils ne concourent qu'avec des ascendants et des frères et sœurs
ou des collatéraux, ils l'auraient dit expressément dans
un article spécial, au lieu de ranger les trois cas dans le
même article et, bien mieux, dans le même membre de
phrase. Donc, plus nous serons justes envers eux, plus
nous remplirons leur intention présumée.

Ceci posé, examinons la première hypothèse de notre
article et mettons la famille naturelle, représentée par
deux enfants, en présence de la famille légitime, représentée par un seul. Qu'est-ce que la loi accorde à la famille naturelle ? Le tiers de ce qu'elle aurait eu si elle
eût été légitime. Mais est-ce ce tiers calculé approximati-
vement ? Non. Il lui est accordé aussi exactement, aussi
intégralement que dans les deux autres cas, on lui accorde la moitié ou les trois quarts, et un tiers approxi-
matif ne remplirait pas l'intention du législateur, plus
qu'une moitié ou des trois quarts approximatifs ne la
rempliraient.

C'est donc un problème que le texte nous pose, problème qu'il faut résoudre exactement si les mathématiques nous en donnent le moyen. Or, comment le résoud
le premier système ? Il dit : La famille naturelle a droit
au tiers de ce qu'elle aurait eu si elle eût été légitime.
Or, si elle était légitime sur 9, qui composent la succession, il lui reviendrait 6. Donc, puisqu'elle n'est

que naturelle, elle ne peut prendre que le tiers de la portion qui lui reviendrait en la supposant légitime; donc elle n'a droit qu'à 2, et les 4 qu'on lui enlève vont tout entiers se joindre aux 3 qui sont échus déjà à la famille légitime. Voilà la solution qu'il donne.

La première chose qu'on doit faire, c'est de la vérifier et de voir si toutes les questions du problème posé sont résolus. Pour peu qu'on y réfléchisse, on voit que non, et le tiers qui revient à la famille naturelle, en calculant ainsi, n'est pas exactement et rigoureusement le tiers de ce qu'elle aurait eu si elle eût été légitime. La jurisprudence elle-même en convient; elle avoue qu'elle résoud mal le problème, mais qu'en fin de compte c'est la meilleure manière de le résoudre et celle qui offre le moins d'inconvénients. Le second système prétend être plus consciencieux, et établir ce tiers qui doit en définitive revenir à la famille naturelle beaucoup plus exactement. Il reprend le problème au point où le laisse le premier, et dit : Mais si la famille naturelle eût été légitime, elle aurait eu droit à un partage par tête dans les quatre parties qui reviennent à la famille légitime, de ce qu'on enlève à la famille naturelle, dans la première opération. Ce partage par tête lui donnerait les deux tiers de ces quatre parties, c'est-à-dire 2,66. Mais n'étant que naturelle, elle n'a droit qu'au tiers de ces 2,66, c'est-à-dire à 0,88. Ce qui, ajouté aux deux parties que lui accorde le premier système, donne 2,88 pour la part de la famille naturelle, soit 1,44 pour chaque enfant naturel, au lieu de 1 seulement. Il revient à la famille légitime 6,09 au lieu de 7. Si nous vérifions le résultat, nous voyons que 2,88 et 6,09 font 8,97, c'est-à-dire la totalité de la succession, car nous avons ici négligé les fractions. Ce calcul est plus exact que celui du premier système, et la famille naturelle a, aussi rigoureusement que possible, le tiers qu'a voulu lui attribuer le législateur (1).

On voit par cet exemple que le second système suit de bien plus près que le premier les véritables principes et la saine équité, lesquels ont certainement dû être la règle en cette matière comme partout : *jus et norma loquendi*.

Voici en résumé la marche des opérations : 1° On applique le texte comme le premier système. 2° On se demande si, après cette première opération, la famille naturelle a exactement le tiers de ce qu'elle aurait eu si elle eût été légitime; le bon sens répond que non, et que, pour le lui accorder, il faut encore qu'elle ait, sur la somme qu'on lui a enlevé, le tiers de ce qu'elle aurait eu si elle eût été légitime ; et, comme en cette hypothèse, elle aurait partagé par tête cette somme avec la famille légitime, il faut donc recommencer dessus la première partie de l'opération, et ainsi de suite jusqu'à ce qu'on arrive aux centimes que l'on peut négliger.

Ce système, on le voit, prétend n'être qu'une addition, une correction, une rectification de celui de la jurisprudence qu'il prend pour point de départ, et ce dernier ne peut pas le blâmer d'employer une seconde fois, pour être plus juste, un procédé qu'il emploie une première, mais sans arriver à l'exactitude désirable. J'indique, par un exemple, la différence de résultats entre les deux systèmes. Je suppose un enfant légitime, douze enfants naturels, et une succession de 39,000 fr. Le pre-

---

(1) Je dis *aussi rigoureusement que possible,* car je ne pense pas qu'on puisse faire au second système une querelle de négliger quelques centimes.

mier système accordera 12,000 fr. à la famille naturelle
soit 1,000 fr. à chaque enfant, et 27,000 fr. à la famille
légime représentée par un seul enfant. Le second accordera 19,384 fr. 61 cent. à la première, soit 1615 fr.
38 cent. environ à chaque enfant, et 19,615 fr. 39 cent.
à la seconde. On voit que, dans ce cas excessivement rare,
pour ne pas dire impossible dans la pratique, l'intérêt
de la famille légitime est sauvegardé.

Il est facile, après ces développements, de voir quelle
est la base de ce système. Il consiste à affirmer que rien
ne nous indiquant la volonté du législateur (affirmation
dont j'ai démontré la fausseté), il faut supposer qu'elle a
dû être conforme aux principes et à l'équité. Voilà son
point de départ, et il faut avouer que s'il était vrai que le
législateur n'eût pas manifesté, par son silence, sa volonté très-probable, ce serait ce système qu'il faudrait
adopter ; car, après le premier, c'est celui qui se rapproche le plus de l'esprit de la loi, qui offre, en somme,
un calcul peu compliqué, puisqu'il n'est que la répéti-
tion indéfinie du premier, aussi exact que l'on veut,
puisqu'on peut toujours le pousser plus loin et qui, enfin évite ou, du moins, rend nulle en pratique l'objection qu'on fait à tous les autres systèmes de sacrifier, à
un moment donné, la famille légitime à la famille naturelle, puisque ce n'est qu'au treizième enfant naturel,
contre un seul légitime, qu'il accorde plus à la famille
naturelle qu'à la famille légitime.

Du reste, je pense avec lui que certains partisans du
premier système ont trop exagéré l'importance de cette
objection à laquelle, je crois, on peut répondre presque
victorieusement, ainsi que le prouvent les arguments suivants qu'il produit.

En admettant qu'on trouve par extraordinaire une fa-

mille composée d'un enfant légitime et de trèize naturels ou plus, il nous semble que la part que nous assu-
rons à l'enfant légitime est bien assez suffisante vis-à-vis
de celle qui revient à chacun de ses frères naturels, après
le partage par têtes, pour que les droits de la famille légitime soient parfaitement sauvegardés. On dirait que la
jurisprudence prend à tâche de faire baisser les ressources de la famille naturelle à mesure qu'elles lui deviennent plus nécessaires, et cela sous prétexte de l'honneur
de la famille légitime et de la nécessité de faire respecter
les institutions du mariage, sauvegarde de toute société
civilisée ! Rien de mieux et, nous tous les premiers, nous
applaudissons à cet honneur, nous comprenons cette
nécessité ! Mais nous ne voulons pas, pour cela, laisser
périr, de dénûment et de misère, une famille innocente
des fautes de ses parents !

Qu'on assure une large aisance, une place, un nom
dans le monde au représentant de la famille légitime,
car il est le fruit d'une union que la loi sanctionne et
encourage, personne n'y trouvera à redire, mais qu'on
donne au moins à la famille naturelle de quoi vivre,
quoiqu'elle soit un opprobre ! qu'on lui donne au moins
des aliments ! Le législateur en accorde lui-même aux
bâtards adultérins ou incestueux, si nombreux qu'ils
soient, et il les leur accorde suffisants, dussent-ils même
absorber plus de la moitié du revenu de la famille légitime ! et on suppose qu'il a été assez peu soucieux du
sort d'enfants qui méritent certainement plus de faveur
de sa part, pour ne leur accorder qu'une portion de la
succession, souvent si minime et si dérisoire, qu'elle
suffirait à peine à les sustenter une année !

Nous ferons de plus observer que le législateur, dans
l'article 757 lui-même, ne s'est pas préoccupé outre

mesure de cette prééminence de fortune que le premier
système veut à toute force accorder à la famille légitime,
puisque dès qu'il s'agit des père et mère et des frères et
sœurs du défunt, il accorde libéralement la moitié des
biens de ce dernier à la famille naturelle, ne fût-elle représentée que par un seul enfant, tandis que dans la
famille légitime se trouvent de nombreux héritiers.

Ces arguments répondent assez bien à l'objection que
font, ainsi que je l'ai dit plus haut, les partisans de la jurisprudence ; aussi, si je la mentionne, c'est sans y attacher plus d'importance qu'elle n'en mérite réellement, et
je pense du reste que la fausseté de la supposition sur
laquelle repose le second système tout entier est une objection bien assez forte à elle seule pour le faire rejeter.
Il suppose, en effet, que la législation n'a pas eu d'autre
intention que celle qui résulte du texte en lui-même.
C'est logique, mais ce n'est malheureusement pas vrai.
Ceci ressortira, plus clairement encore, en examinant de
plus près sa manière de procéder.

En effet, il fait deux groupes : d'un côté, la famille
légitime, de l'autre, la famille naturelle, et il attribue
toujours à celle-ci, sur ce qu'on lui enlève, le tiers de ce
qu'elle aurait eu si elle eût été légitime. Mais, pour être
logique, il devrait appliquer ce procédé non-seulement
quand il y a plusieurs enfants légitimes, mais même
quand il n'y a qu'un seul. En effet, on devra dire après la
première opération qui a enlevé à l'enfant naturel les
deux tiers ; mais, s'il eût été légitime, il aurait partagé
avec son frère ces deux tiers : il faut donc lui accorder,
sur la moitié de ces deux tiers, le tiers de ce qu'il aurait
eu s'il eût été légitime, et ainsi de suite. Très-probablement le législateur n'a pas été si subtil que cela, et M.
Delvincourt a bien raison en disant que pour trouver un

système pareil, il a fallu se creuser la tête. Toutefois, les principes et la logique m'y auraient poussé certainement, sans cette complication qui se présente dès la première hypothèse et qui devait être loin de l'idée du législateur de 1804, et encore plus loin de l'idée de celui de l'an II.

Je n'aurais pas même reculé, comme certains partisans du premier système, qui s'en font un monstre, devant la difficulté des calculs mathématiques. Je crois, en effet, que, quand le législateur pose un problème, sans manifester son intention de le résoudre en un sens plutôt qu'en un autre, le jurisconsulte doit le faire en se conformant seulement aux principes et sans trop s'embarrasser des difficultés pratiques de la question. Au reste, en ce qui concerne le deuxième système, ces difficultés sont loin d'être insurmontables, et le calcul qu'il exige n'est ni si difficile ni si compliqué, qu'il ne puisse aisément aussi s'introduire dans la pratique. Il n'y a là ni algèbre, ni mathématiques transcendantes, mais simplement des multiplications et des divisions, deux des quatre règles fondamentales de l'arithmétique, et je ne ferais pas au plus petit praticien l'injure de croire qu'il puisse les ignorer. Si le système qu'a adopté le législateur a ses défauts, que j'ai fait remarquer en exposant le second système, il n'est pas non plus dénué de tout avantage et de toute raison.

Il offre premièrement une simplicité pratique extrême qui a dû charmer et séduire tout d'abord, et il n'est pas étonnant que les rédacteurs du Code, qui avaient dû le voir fonctionner sans embarras, sans complication de chiffres à propos des enfants adultérins, aient voulu l'appliquer de toutes pièces aux enfants naturels simples.

Il arrive de suite à un résultat net et clair, tandis que le second système n'arrive que par des tâtonnements successifs à un résultat plus exact, il est vrai, mais que peuvent altérer autant d'erreurs qu'il y a d'opérations.

En outre, il assure aux droits de la famille légitime une juste prééminence, quoique peut-être il pousse un peu trop loin le principe que, si l'une des familles doit être sacrifiée, ce doit être la famille naturelle.

Mais, me dira t-on, pourquoi, vous qui vous piquez de rechercher quel serait le système le plus juste à adopter, en supposant que le législateur n'eût pas manifesté sa préférence pour le premier, pourquoi vous en tenez-vous au second système, lorsque celui de M. Gros vous offre une exactitude plus rigoureuse, une précision mathématique plus grande? Le voici en deux mots : M. Gros se fonde sur l'idée que, dans la première partie de notre article, le législateur n'a prévu que le cas d'un seul enfant naturel en concours avec des enfants légitimes. Il dit : C'est un exemple, et rien de plus.

Or j'ai démontré, en exposant le premier système, que ce point de départ était faux, et à la seule inspection des travaux préparatoires, sans avoir examiné si le législateur avait eu l'intention d'adopter un système plutôt qu'un autre. Donc le second système vaut mieux, puisque, prenant les enfants naturels tous en bloc, il se rapproche davantage de la volonté qu'on peut supposer au législateur d'après les travaux préparatoires seulement (1).

---

(1) Il existe d'autres sytèmes qui se rapprochent du second que j'ai exposé au texte, quant au point de départ, mais qui s'en écartent beaucoup quant aux résultats. Je n'en citerai que deux principaux.

Le premier pense qu'il faut faire la part de chaque enfant naturel, comme si chacun d'eux séparément concourait tout à la fois avec les

Il me reste maintenant à développer ce troisième système, et à faire voir en quoi il se sépare des deux

---

légitimes et les naturels considérés comme tels; le second, soutenu par M. Unterholzner (*Juristesche Abhandlungen*, n° 1, p. 15), prétend que dans le fictif à faire entre les enfants naturels, il ne faut assimiler les derniers aux premiers que successivement et non simultanément, de manière à attribuer à chaque enfant naturel, le tiers de la part qu'il aurait eue comme enfant légitime en concours avec des enfants natu- rels.

Un simple exemple prouvera quelle différence de résultats existe entre ces deux systèmes et celui du texte.

Soit un enfant légitime, cinq naturels et 72,000 fr. dans la succes- sion. En suivant le système du texte, nous dirons : En partageant par tête, chaque enfant tant légitime que naturel a 12,000 fr., la famille naturelle, considérée comme légitime, aurait donc 60,000 fr.; naturelle, elle n'a droit qu'à 20,000 fr.; sur les deux tiers restants, nous recom- mençons la même opération, et ainsi de suite jusqu'aux centimes. On arrive, en fin de compte, à trouver 44,143 fr. 25 c. pour la part de l'enfant légitime, et 27,856 fr. 75 c. pour la part de la famille natu- relle, soit 5,551 fr. 35 c. à chaque enfant naturel.

D'après le premier des deux systèmes énoncés, on agirait ainsi : les quatre frères de l'enfant naturel, qui prétend concourir avec eux, en les considérant comme naturels, et avec l'enfant légitime, n'ont droit, entre eux tous, qu'à 16,000 fr.; reste donc 56,000 fr. à partager entre lui et l'enfant légitime, dont moitié serait 28,000 fr. et le tiers de cette moitié 9,333 fr. 33 c., au lieu de 5,551 fr. 35 c. seulement que lui attribue le système du texte. Et, comme chacun des quatre autres enfants naturels ferait le même raisonnement pour obtenir le même résultat, il s'ensui- vrait que leurs portions réunies donneraient un total de 46,666 fr. 66 c. au lieu de 27,856 fr. 75 c.

On voit combien ce système sacrifie la famille légitime puisque, au cinquième enfant naturel, elle a moins que la famille naturelle. Cette dernière est trop favorisée, et c'est l'excès contraire à celui qu'on peut reprocher au système adopté par la jurisprudence.

Cette réflexion s'applique bien mieux au système de M. Unterholzner, puisqu'il aggrave encore le sort de la famille légitime, au profit de la naturelle. En effet, dans notre exemple, chaque enfant naturel, d'après lui, dira à son tour : Mes quatre autres frères, étant naturels, n'ont droit chacun qu'à 4,000 fr.; donc, vis-à-vis de chacun d'eux, la moitié qui me reviendrait comme enfant légitime en concours avec un autre

12

autres. Il est sans contredit le plus remarquable de ceux qui prétendent que l'article 757 n'a prévu que l'hypothèse d'un seul enfant naturel avec un ou plusieurs légitimes, et qui soutiennent que c'est à la doctrine de régler l'hypothèse, non prévue par le législateur, de plusieurs enfants naturels.

M. Gros a donc recherché quel était l'esprit de la loi, et a mis dans cette recherche une telle sagacité qu'il est arrivé à la solution du problème. Il est à regretter que le point de départ de son système soit faux, car autrement la clarté, la logique et la rigueur de ses déductions, jointes à une simplicité extrême de calcul, l'auraient sans aucun doute fait adopter unanimement par les auteurs et la jurisprudence.

Voici la route que M. Gros a suivie : l'article 757 ne prévoyant que l'hypothèse d'un seul enfant naturel en concours avec un ou plusieurs légitimes, n'a fait que nous donner un exemple et nous indiquer la marche qu'il fallait suivre, dans le cas où il y aurait plus d'un enfant naturel. Il faut donc voir d'abord comment agit la loi quand il n'y a qu'un seul enfant naturel en présence d'un enfant légitime. L'enfant naturel, d'après les termes de l'article 757, n'a droit qu'au tiers de la moitié, c'est-à-dire au sixième de la succession tout entière. Ainsi la proportion entre l'enfant naturel et l'enfant légitime est la suivante : $\dfrac{\text{Enfant naturel}}{\text{Enfant légitime}} = \dfrac{1}{5}$

Ce rapport, qui est celui que nous donne la loi, devra être maintenu quel que soit le nombre des enfants natu-

---

enfant légitime, est réduite à 34,000 fr., dont je dois avoir le tiers, c'est-à-dire 1,333 fr. 33 c. La part de la famille naturelle, dans ce système, sera donc de 6,666 fr. 65 c. environ, sur 72,000 fr. !

rels; par conséquent, s'il y en a deux, il faudra diviser la
succession en sept parties, en attribuer une à chaque enfant naturel et les cinq autres à l'enfant légitime. On
voit, en suivant cette progression, que si l'on arrive à six
enfants naturels seulement, contre un seul légitime, il
faut attribuer à la famille naturelle les 6/11 de la succession, c'est-à-dire plus de la moitié.

Il faut chercher ensuite, ce qui adviendrait aux
termes de la loi, si l'enfant naturel seul était en concours
avec plusieurs descendants légitimes, avec deux par
exemple. L'enfant naturel, en cette hypothèse, n'aurait
droit qu'au tiers du tiers de la succession, c'est-à-dire à
un neuvième, et les deux enfants légitimes auraient les
huit autres neuvièmes. Chaque enfant légitime a donc
quatre fois plus que l'enfant naturel, et l'on a le rapport
suivant, que l'on doit invariablement observer quel que
soit le nombre d'enfants naturels en concours avec deux
légitimes : $\dfrac{\text{Enfants légitimes}}{\text{Enfants naturels}} = \dfrac{4}{1}$

S'il y a trois enfants légitimes, il faut remarquer ce
que la loi accorde en pareil cas à l'enfant naturel, nous
voyons que c'est le tiers du quart, c'est-à-dire un douzième. L'enfant naturel a donc 1 quand les trois enfants
légitimes ont 11; par conséquent, quel que soit le nombre des enfants naturels, il faudra maintenir le rapport
suivant : $\dfrac{3 \text{ Enfants légitimes,}}{\text{Enfants naturels,}} = \dfrac{11}{1}$. Il en serait de même
pour quatre, cinq, six, et un plus grand nombre encore
d'enfants légitimes.

Le système de M. Gros consiste donc, en résumé, en
deux opérations distinctes, toutes deux basées sur l'exemple qu'il trouve dans l'article 757. La première a pour
but de rechercher ce qu'auront les enfants naturels,

quel que soit leur nombre, en présence d'un seul légitime. La seconde de rechercher ce qu'ils auront en présence de plusieurs enfants légitimes (1).

Si les prémisses de ce système étaient vraies, il faut avouer qu'il résoudrait avec une élégance rare, le problème que nous a posé le législateur. En effet, ce dernier ne semble-t-il pas avoir établi un certain rapport entre la part de l'enfant naturel unique et celle de la famille légitime ? Evidemment, et la logique semblerait exiger que l'on conservât le rapport, quel que soit le nombre des enfants naturels, quand celui des enfants légitimes n'augmente pas.

M. Gros semble comparer la succession à l'actif d'une faillite, dont les enfants légitimes et naturels sont créanciers ; la loi, en syndic maladroit, n'appelle au partage que les enfants légitimes et un seulement des enfants na-

---

(1) La preuve que le système de M. Gros est un système mathématiquement exact, se trouve dans l'opération suivante où je vais résoudre par l'algèbre le problème posé par l'article 757, soit 9,000 fr. dans la succession, un enfant légitime et deux naturels, A et B.

A aurait eu, s'il eût été légitime, la moitié de ce qui serait resté dans la succession, après que B aurait prélevé sa part, c'est-à-dire $\frac{9,000 - B}{2}$ mais comme A n'est que naturel, il ne peut avoir que le tiers de cette somme, c'est-à-dire $\frac{9,000 - B}{6}$ d'où A $= \frac{9,000 - B}{6.}$

D'un autre côté, la part de B doit être égale à celle de A ; nous pouvons donc remplacer dans notre opération la valeur B par la valeur A qui lui est égale, et nous aurons : A $= \frac{9,000 - A}{6.}$ Nous n'avons plus qu'à résoudre cette équation. J'en multiplie les termes par un même nombre, ce qui n'altère pas sa valeur, et j'ai 6 A $= 9,000 - A$; j'ajoute A aux deux termes, et j'ai 7 A $= 9,000$, d'où A $= \frac{9,000}{7}$ C'est-à-dire que la part de A est le septième de la succession, et, comme celle de B lui est égale, elle doit être aussi le septième de cette même succession. Il faudra donc la diviser en sept parties en notre hypothèse, précisément comme dans le système de M. Gros.

turels; mais s'il y en a d'autres qui surviennent, ils ont
évidemment autant de droits que le premier, et comme
il n'y a aucune raison pour leur faire une part, plutôt
sur celle de la famille légitime que sur celle de l'unique
enfant naturel, il en conclut qu'il faut leur faire subir,
à l'un et à l'autre, une réduction proportionnelle, sans
cependant changer le rapport préexistant. Ainsi la dimi-
nution sera *répartie*, et sur la part afférente à la famille
légitime, et sur celle afférente à l'enfant naturel. De là
lui vient le nom de *système de répartition*. Ceci semble,
en tous points, conforme aux principes du droit.

Malgré tout ce qu'un pareil système présente d'ingénieux, on ne peut pas l'adopter, car, ainsi que je l'ai dit
plus haut, son point de départ est faux. J'ai, il me
semble, assez explicitement démontré, en exposant le
premier système, que l'article 757 avait, non-seulement
prévu le cas d'un seul enfant naturel en concours avec
des légitimes, mais que même cette expression *enfant
naturel* n'était prise qu'au figuré et signifiait tous les
enfants naturels. Je ne reviendrai pas sur ma démonstration; mais, si on l'admet, — et je crois qu'on ne
peut moins faire, — le système de M. Gros n'a plus de
base et son édifice croule tout entier.

De plus, quand, en présence d'un enfant légitime, il y
a six enfants naturels, la famille naturelle obtient plus
de la moitié de la succession; donc ce système ne vaut
pas le second, puisque d'après celui-ci ce n'est qu'au
treizième enfant naturel contre un seul légitime que la
famille naturelle commence à avoir plus que la légitime.
Donc le reproche qu'on fait à ce dernier système s'applique *à fortiori* au système de répartition.

Enfin le système de M. Gros ne peut pas résister à la
lecture de l'article 757 tout entier, car si, à la rigueur,

on peut admettre que, dans le premier membre de phrase, le législateur n'ait voulu prévoir que l'hypothèse d'un seul enfant naturel, il serait bien difficile d'admettre qu'il n'a prévu que cette hypothèse dans les deux autres parties. M. Gros, du reste, convient lui-même que le législateur, dans ces deux parties, a prévu, non-seulement l'hypothèse d'un seul enfant naturel, mais encore celle de plusieurs, et que, par conséquent, pour les deux derniers cas de l'article 757, quel que soit le nombre des enfants naturels, ils ne peuvent pas prétendre à plus de la moitié ou des trois quarts de la succession, selon qu'ils sont en concours avec des ascendants, des frères et sœurs, ou avec des collatéraux. Cette concession suffit, à elle seule, pour faire rejeter son système, car comment faire admettre que l'article 757, qui ne forme qu'une seule phrase, n'ait, dans le premier membre de cette phrase, prévu que l'hypothèse d'un seul enfant naturel, tandis que, dans les deux derniers, il prévoit celle où il en a plusieurs? (1)

---

(1) M. Demante (*Cours analytique du Code Napoléon*, III, n° 75 bis) et M. Valette (Mourlon, 2e *Examen*, p. 70, 15e édition), ont adopté ce système.

Toutefois, ce dernier, frappé de la force de l'argument que je viens de développer au texte, et voyant bien, avec sa sûreté de coup d'œil ordinaire, qu'un système qui présentait une telle contradiction n'avait pas de grandes chances de réussite, l'a abordé de front et a tenté de la renverser, en ne faisant pas la concession que fait M. Gros lui-même. Le savant professeur prétend appliquer le système de répartition au cas où plusieurs enfants naturels concourent soit avec des ascendants ou des frères et sœurs, soit avec des collatéraux. Cet effort, d'un esprit aussi éminent, d'un jurisconsulte aussi sérieux, tout en donnant plus d'homogénéité, d'ensemble et de logique à son système et en anéantissant le reproche de contradiction que j'ai fait en dernier lieu, n'infirme en rien les autres arguments par lesquels je l'ai combattu et qui me paraissent suffisants pour le faire rejeter.

DEUXIÈME ET TROISIÈME CAS. — L'enfant naturel se trouve en concours, soit avec des ascendants ou des frères et sœurs, soit avec des
collatéraux.

Ces deux cas sont réglés par des principes identiques,
le mode de calcul y est le même et ils ne diffèrent entre eux que par la portion qui est attribuée, selon l'un ou
l'autre, à la famille naturelle. Après les explications que
j'ai déjà données, tous ces points ne présentent aucune
difficulté : aussi passerai-je rapidement.

Toutefois, je me permettrai de relever, en passant,
une idée de M. Demolombe, qui ne me paraît pas tout
à fait exacte. Je cite ses propres paroles :

« Mais sous un autre rapport, il existe une notable dif-
» férence entre la première hypothèse de l'article 757
» et les deux dernières : tandis que, en effet, dans la pre-
» mière, le nombre plus ou moins considérable des en-
» fants légitimes aura une grande influence sur la quo-
» tité du droit de l'enfant naturel, le nombre des
» ascendants ou des collatéraux, dans les deux dernières
» hypothèses, n'est au contraire nullement à considérer
» à cet égard.

» La loi établit alors une sorte de forfait entre la pa-
» renté naturelle et la parenté légitime ; *elle divise, elle*
» *fend*, pour ainsi dire, la succession, *à peu près de la*
» *même manière que l'article* 733 *fend et divise* la
» succession légitime entre les parents paternels et les
» parents maternels. Et la part qu'elle attribue, soit
» à la postérité naturelle, soit à la famille légitime,
» appartient exclusivement de chaque côté, à celui ou
» à ceux, quel que soit leur nombre, qui recueillent
» soit la succession régulière, soit la succession irré-
» gulière. »

Ainsi, d'après M. Demolombe, la loi *divise, fend* la

succession entre la famille légitime et la famille naturelle. L'analogie qu'il a cru trouver entre l'article 757
et l'article 733 n'est qu'accidentelle, et, à coup sûr, le
législateur n'y a pas songé. Selon moi, son idée a été
d'accorder à la famille naturelle la moitié ou les trois
quarts de ce qu'elle aurait eu, si elle eût été légitime,
lorsqu'elle est en présence d'ascendants, de frères ou
sœurs et de collatéraux, comme il lui a accordé le tiers
de ce qu'elle aurait eu, si elle eût été légitime, lorsqu'elle
est en concours avec des enfants légitimes. Il est bien
vrai que, dans les deux premiers cas, la portion de la
famille naturelle sera invariable, mais c'est un pur effet
du hasard et cette fixité n'est pas entrée, dans la prévi-
sion du législateur, plus que l'idée de fente ou de division
sur laquelle se fonde l'analogie que M. Demolombe a cru
trouver entre les articles 757 et 733.

Il résulte de cette remarque que le second système,
exposé plus haut, à propos de la concurrence des enfants naturels avec la famille légitime, est plus conforme
à la raison que celui de la jurisprudence, lorsqu'il suppose le législateur conséquent et logique avec lui-même,
en essayant de résoudre, d'une façon identique et aussi
exacte, trois cas qu'il place sous le même article et dans
le même membre de phrase.

D'où vient donc que, dans les deux derniers cas de
l'article 757, la part de la famille naturelle est si facile à
déterminer exactement, tandis qu'elle l'est si peu dans
le premier? Cela vient de ce que, dans les deux derniers, nous avons un point de départ connu et fixe, qui
est ce que la famille naturelle aurait eu si elle eût été
légitime, c'est-à-dire la totalité. Il n'y a par conséquent
qu'une inconnue. Dans le premier cas, au contraire, nous
en avons deux. D'abord la fixation de la part que la fa-

mille naturelle aurait eue si elle eût été légitime, part qui varie selon le nombre des enfants dans chaque famille, et ensuite le montant de celle qu'elle doit avoir, en définitive, comme naturelle. C'est plus difficile à trouver, mais s'il n'y avait pas là l'intention du législateur, ce ne serait pas une raison pour s'arrêter en route, comme le fait le premier système et pour ne donner en ce cas à la famille naturelle qu'une part approximative de celle qu'elle aurait eue si elle eût été légitime, tandis que dans les deux autres cas, elle est fixée rigoureusement.

Je termine par un exemple où nous verrons la famille naturelle, représentée par deux enfants, successivement en concours, soit avec des ascendants ou des frères et sœurs, soit avec des collatéraux. Je suppose la succession de 24,000 francs.

Je prends d'abord un père du défunt. En ce cas, qu'aurait eu la famille naturelle, en supposant qu'elle eût été légitime et que, d'ailleurs, il n'y eût pas lieu d'appliquer l'article 747? La totalité de la succession ; elle n'est que naturelle, elle n'a droit qu'à la moitié, c'est-à-dire à 12,000 fr., et le père a le reste, c'est-à-dire 12,000 fr. également. Chaque enfant ayant 6,000 fr., a rigoureusement ce qu'il doit avoir.

Je suppose maintenant qu'un collatéral représente la famille légitime. Si la famille naturelle eût été légitime, elle aurait eu, en ce cas, toute la succession ; naturelle, elle n'a droit qu'aux trois quarts, c'est-à-dire à 18,000 fr.; Le collatéral a donc 6,000 fr., et chaque enfant naturel 9,000 fr., et chacun d'eux a exactement les trois quarts de ce que lui aurait accordé la loi, s'il eût été légitime.

Je ne m'arrête pas à la difficulté qui consiste à dire que l'article 757 ne parle des ascendants ou des frères et sœurs du défunt qu'au pluriel. La majorité des auteurs et la jurisprudence pensent qu'il faudrait appliquer l'article, quand même il n'y aurait qu'un ascendant, qu'un frère ou qu'une sœur.

Il est tout aussi évident pour moi, quoique l'article ait négligé de le dire, que les descendants des frères et sœurs viendront à leur place par représentation, car il est clair que, pour la part afférente à la famille légitime, tout doit se passer comme dans les successions légitimes. Toutefois, cette solution ne paraît pas aussi claire à la jurisprudence, car un grand nombre d'arrêts admettent le système de *non-représentation*, et il est curieux de voir comment, de ce point de départ, elle est arrivée, par une espèce d'*a fortiori*, à conclure que les enfants des frères et sœurs ne pouvaient pas, de leur chef, prendre la moitié de la succession à l'encontre des enfants naturels. Ce système, soutenu par M. Troplong, se fonde principalement sur le texte de l'article 757; et c'est là, à vrai dire, son plus solide, je dirai même son seul argument; aussi je me borne à le réfuter, certain que les autres tomberont en même temps.

Il faut avouer que si le texte est pour ce système, il n'a guère que cela pour lui. Je ne nie pas la portée d'un argument de texte; loin de là, mais je ne lui accorde une grande force que dans le cas où l'on peut hésiter sur l'intention du législateur. Ici, il me semble qu'en face des travaux préparatoires, en face des principes, et surtout en face des résultats bizarres et imprévus auxquels conduit le système de la jurisprudence, il n'y a guère d'hésitation possible sur ce point.

En effet, et pour commencer par les travaux préparatoires, la rédaction primitive de l'article 757 ne restreignait la portion de l'enfant naturel à la moitié de l'hérédité, que lorsqu'il existait des ascendants, et lui accordait les trois quarts de l'hérédité, lorsqu'il se trouvait en

concours avec des collatéraux, sans faire à cet égard aucune exception en faveur des frères et sœurs. Mais M. de
Maleville fit observer, avec beaucoup de raison, qu'ainsi
rédigé, l'article 757 se trouvait en opposition avec les
dispositions qui réglaient l'ordre dans lequel les frères
et sœurs et les ascendants étaient appelés à succéder.
En conséquence, le consul Cambacérès proposa de ne
donner à l'enfant naturel, en concours avec des frères
et sœurs, que la moitié de l'hérédité, et cette proposi-
tion fut adoptée (1). On voit donc ici très-clairement l'intention du législateur, et un argument judaïque de texte
me paraît bien faible à côté d'une volonté si nettement
exprimée.

Passe encore si le texte était formel, mais que dit-il ?
Rien ; il garde le silence. J'aime donc bien mieux interpréter ce silence selon l'intention du législateur, que
d'une façon tout opposée.

Et les principes, quels sont-ils en notre matière ? On nous
dit : Mais vous ne pouvez appliquer ici les règles des successions régulières, nous sommes dans les successions irrégulières, et l'on ne peut transporter ainsi arbitrairement
des dispositions d'un chapitre à l'autre. Cette objection est
facile à réfuter. En quoi consiste l'irrégularité des successions irrégulières ? Simplement, en ce qu'au lieu de parents
légitimes, nous avons quelques successeurs qui ne sont que
parents naturels. Alors il a fallu que le législateur réglât
d'une façon toute spéciale le conflit des deux familles ;
cela une fois fait, l'irrégularité disparaît, et tout doit se
passer, dans la famille légitime, selon les règles des successions régulières. J'en trouve la preuve dans les tra-

(1) Fenet, tome XII, p. 27 et 29.

vaux préparatoires, dans la concordance qu'on a voulu
établir entre notre article et les règles des successions
régulières. Je la trouve même enfin dans l'ensemble de
l'article 757 qui, en citant l'ordre des successeurs réguliers appelés à concourir avec les enfants naturels, ne le
renverse pas.

Enfin, à quelle impasse aboutit le système contraire?
Que l'on suppose, en effet, le *de cujus* laissant un enfant naturel, un aïeul et un neveu, quelle sera alors la
part de l'enfant naturel? Aura-t-il les trois quarts? Impossible, il y a un ascendant. La moitié? Oui, mais l'autre sera prise par le neveu, car il exclut l'aïeul. Ainsi
l'aïeul opère la réduction, mais n'en profite pas.

Ce système me semble donc impossible à soutenir, et,
s'il ne peut pas se soutenir pour empêcher les descendants des frères et sœurs de venir de leur chef prendre
la moitié de la succession, à plus forte raison n'est-il pas
soutenable en ce qui concerne la représentation. Cet argument *a fortiori* me semble plus raisonnable que celui
que semble faire la jurisprudence, car en matière de
représentation il s'agit d'une question de justice et d'une
égale répartition des biens entre les diverses souches
d'une famille (1).

---

(1) On peut voir dans le sens du premier système, Cassation, 6 avril
1813; Cassation, 20 février 1823; Cassation, 28 mars 1833; Cassation,
31 août 1847; Paris, 20 avril 1853, et parmi les auteurs : Belost Jo-
limont, sur Chabot, tome I, p. 309; Grenier, *Des donations et des testaments*, tome II, n° 668; Taulier, tome III, p. 175, et enfin Troplong,
Des donations et des testaments, tome II, n° 776. Dans le système que
j'ai adopté : Toullier, tome II, n° 251; Marcadé, sur l'art. 757, n° 3;
Demolombe, tome II, *Des successions*, p. 108-114; Aubry et Rau,
tome V, § 605, p. 106, note 9; Merlin, *Répertoire*, v° *Représentation*,
section 4, § 7; Delvincourt, tome II, p. 21, note 8; Duranton, tome VI,
n° 288; Gros, n° 55.

Je passe à une dernière question qu'a soulevée notre article 757 et qui a été également l'occasion de fort vifs débats. Voici l'hypothèse qui y donne lieu : l'enfant naturel est en concours avec les deux lignes de la famille légitime, représentée, je le suppose, par le père et par un cousin maternel : qu'aura-t-il ? la moitié de la succession ; ou bien concourra-t-il successivement avec le père auquel il enlèvera la moitié de la part qui devait lui revenir, puis avec le cousin auquel il enlèvera les trois quarts ? Quelques auteurs ont prétendu que c'est ce dernier parti qu'il devra prendre, et leur principal argument repose encore sur le texte de l'article 757. En effet, que dit-il ? Quand l'enfant est en concours avec des ascendants, il prend moitié de la succession ; et quand il est en concours avec des collatéraux, il prend les trois quarts. Or, l'enfant naturel se trouve, dans notre hypothèse, en concours avec un ascendant et avec un collatéral. Donc.

Cet argument, quelque spécieux qu'il paraisse, peut se réfuter, et cela de plusieurs manières. D'abord, que dit réellement le texte ? L'enfant naturel est réduit à la moitié de la succession quand il se trouve en concours avec des ascendants ou des frères et sœurs ; il est réduit aux trois quarts quand, à défaut d'ascendants ou de frères et sœurs, il n'y a que des collatéraux plus éloignés. Or, dans notre hypothèse, il y a un ascendant ; donc sa présence suffit pour réduire l'enfant naturel à la moitié. Cet argument, qui se fonde, tout aussi bien que celui des adversaires, sur le texte de la loi, a, de plus, pour lui l'intention probable du législateur. En effet, celui-ci ne distingue pas s'il y a des ascendants dans une ligne ou dans les deux lignes ; on n'en voit aucun indice dans le texte : c'est donc une preuve qu'il n'a pas voulu que l'enfant naturel vînt s'immiscer dans la dévolution de la succession parmi la famille légitime, et c'est ce qu'il ferait s'il partageait avec le père et avec le collatéral.

La fente de la succession entre les deux lignes est une chose qui lui est complétement étrangère et qui ne doit influer en rien sur la part qui doit lui revenir, une fois que la part qui revient, d'un côté, à la famille légitime, et à la famille naturelle, de l'autre, est fixée.

Si le législateur avait voulu qu'il en fût différemment, il s'en serait formellement expliqué, car la chose en valait la peine, et de ce qu'il ne l'a pas fait j'en conclus qu'il ne l'a pas voulu ; et il a eu mille fois raison, car cette immixtion de l'enfant naturel, dans les affaires de la famille légitime, est une source de complications très-difficiles, pour ne pas dire impossibles à résoudre, si je prends pour exemple précisément l'hypothèse que j'ai faite tout à l'heure. Il serait curieux d'examiner quelles hésitations et quelles contradictions règnent parmi les partisans de l'opinion que je combats, pour la résoudre et pour fixer les parts respectives de l'enfant naturel, du père et du cousin maternel (1).

Enfin, ce qui à mes yeux achève sa défaite, c'est que ses plus zélés défenseurs conviennent eux-mêmes (et comment ne pas en convenir, en présence du texte ?) que si l'ascendant est seul, sa présence suffit pour réduire l'enfant naturel à la moitié ; or je me demande comment il peut se faire, que lorsque la famille légitime

_____

(1) Les bornes de cette étude ne me permettent pas d'approfondir ce point. On peut consulter à cet égard MM. Demante, tome III, n° 75 bis, IX ; Delvincourt, tome II, p. 21, note 8 ; Toullier, tome II, n° 256 ; Marcadé, art. 757, n° 4, et un arrêt d'Amiens du 23 mars 1854.

s'accroît d'un cousin maternel, qui vient réclamer sa part dans la succession et augmenter ainsi le nombre de ceux qui la partagent, comment il peut se faire, dis-je, que cette augmentation de la famille légitime soit précisément une bonne aubaine pour l'enfant naturel qui voit sa part s'augmenter d'autant. C'est, à coup sûr, un résultat dont la bizarrerie saute aux yeux du premier coup, et que les partisans du système contraire se trouvent fort embarrassés d'expliquer (1). Je me résume et je dis que, du moment qu'il existe un ascendant dans l'une ou l'autre ligne, sa présence suffit pour réduire à la moitié l'enfant naturel.

Je termine enfin, sur l'article 757, en faisant remarquer, qu'une fois la part des deux familles légitime et naturelle fixée, tout se passe dans la famille légitime, d'après la règle des successions régulières et, dans la famille naturelle, comme tous les enfants naturels ont des droits égaux, ils partagent par tête la part qui revient à la famille qu'ils représentent. Je me suis réservé d'examiner dans un appendice, quels peuvent être les droits de leurs propres enfants.

QUATRIÈME CAS. — L'enfant naturel est seul à recueillir la succession de ses père et mère.

Nous avons vu la part de l'enfant naturel croître à mesure que la famille légitime diminue et que les liens qui unissaient le *de cujus* à ses divers membres se relâchent ; cette progression constante nous amène forcé-

---

(1) L'opinion que je soutiens réunit les suffrages de MM. Demolombe, tome II, *Traité des successions*, p. 117-132 ; Aubry et Rau, tome V, § 605, p. 107, texte et note 11 ; Duranton, tome VI, n° 287 ; Gros, n° 37. Voir également un arrêt de Bordeaux, 5 mai 1856.

ment à la règle que proclame l'article 758 en ces termes :

« L'enfant naturel a droit à la totalité des biens, lors-
» que ses père ou mère ne laissent pas de parents au
» degré successible. »

Le résultat serait encore identique, si les parents légitimes du défunt étaient tous renonçants ou indignes, car
les articles 785 et 727 les font considérer comme n'ayant
jamais été héritiers.

On comprend également que cette attribution tout
entière de la succession à l'enfant naturel ne peut pas
changer la qualité en vertu de laquelle il recueille les
biens du défunt. En effet, sa position est toujours la
même ; il est toujours comme une espèce de défi porté
à l'institution du mariage, et sa qualité de successeur
irrégulier ne peut pas changer ; il n'est donc pas héritier dans le vrai sens du mot et continue, malgré l'avantage que lui fait la loi, à n'être qu'un simple successeur
aux biens, tenu de demander l'envoi en possession conformément à l'article 773.

APPENDICE :

*Les enfants ou descendants de l'enfant naturel peuvent-ils, dans
les différents cas proposés plus haut, exercer ses droits ?*

Nous avons, dans le Code, un article pour régler ce
point spécial, quoiqu'à vrai dire on eût pu y suppléer à
la rigueur par le raisonnement. Cet article est conçu en
ces termes :

« En cas de prédécès de l'enfant naturel, ses enfants
» ou descendants peuvent réclamer les droits fixés par
» les articles précédents (article 759). »

Je disais, il y a un instant, qu'on pouvait suppléer à

cet article par le raisonnement. Voici comment je le prouverai : — L'enfant naturel, étant innocent de la faute de ses parents, ne doit être frappé qu'autant que cela est nécessaire pour punir les vrais coupables. Or, vouloir le frapper dans sa postérité légitime, c'est manquer le but que se propose la loi, car c'est lui qu'on frappe et non ses parents. Je conçois qu'on n'accorde pas plus aux descendants de l'enfant naturel qu'à lui-même ; mais pourquoi leur accorder moins ? Ce serait une pure injustice et sans aucune utilité.

Le législateur a compris cela et a voulu effacer jusqu'à l'ombre de doute que pourraient faire naître nos vieilles lois si dures contre les enfants nés hors mariage, en édictant notre article qui semble d'ailleurs n'être que la reproduction de l'article 16 de la loi du 12 brumaire an II (1) ; mais, ou sa pensée me semble incomplète, ou il l'a mal exprimée. Tous les auteurs ont senti cela, et il s'est élevé plusieurs questions sur notre article, lesquelles ne se seraient peut-être pas élevées si l'article n'eût pas existé. Je n'aborderai ici que les deux principales.

La première est celle-ci : Les enfants légitimes de l'enfant naturel ne peuvent-ils pas venir à la succession quand celui-ci est renonçant ou indigne ? Avec la seconde, on se demande si les enfants naturels de l'enfant naturel peuvent demander l'application de notre article.

Première question. — Quelques auteurs qui, je l'avoue tout d'abord, ne me paraissent pas avoir saisi le vrai

---

(1) Cet article était ainsi conçu : « Les enfants et descendants d'enfants nés hors mariage représenteront leurs père et mère dans l'exercice des droits que la présente loi leur attribue. »

13

point de vue où il fallait se placer, répondent négative-
ment à cette première question, et voici leur raisonnement : tout est de rigueur dans les successions, et l'on
ne peut suppléer, dans cette matière, au silence de la
loi. Or l'article 759 n'appelle pas à la succession du *de
cujus* les enfants légitimes de l'enfant naturel renonçant
ou indigne. Donc. Ils le corroborent en faisant remarquer que le droit de succession est toujours réciproque,
et que dans ce cas il ne le serait pas (1).

Ainsi c'est toujours cet argument de texte qui revient
sur le tapis, argument de bien peu de valeur, je l'ai déjà
dit, quand il ne s'appuie ni sur l'intention du législateur
ni sur les principes. Les principes, je l'ai montré, sont
évidemment contre cette opinion ; reste l'intention du
législateur, et je puis dire qu'elle est en ma faveur ; car
on ne peut que la supposer conforme aux principes, et
ces mots : *en cas de prédécès*, de notre article, peuvent
parfaitement être pris dans un sens plus général que ne
le veulent les partisans de la première opinion. Souvent,
en effet, le législateur emploie ces mots pour *à défaut
de*, ainsi qu'on peut le voir dans les articles 750, 753 et
766. Au reste, même en les employant dans le sens ex-
clusif que leur donne la première opinion, on peut parfaitement soutenir que le législateur n'a statué que sur
le *plerumque fit*, et n'a pas, pour cela, prétendu exclure
le cas de renonciation ou d'indignité de l'enfant naturel.
Ainsi le texte, interprété selon l'intention infiniment
probable du législateur, n'est pas même pour les partisans du premier système. Je pourrais encore ajouter
que, pour représenter quelqu'un, il faut, non-seulement

---

(1) Toullier, tome II, n° 259 ; Duranton, tome VI, n° 294 ; Marcadé,
l'art. 759, n° 1.

être habile à succéder à celui qu'on représente, mais même au *de cujus*, c'est un principe de droit certain, et que nos adversaires eux-mêmes ne peuvent contester. Or, puisque l'article 759 admet la représentation pour l'enfant légitime de l'enfant naturel, il est certain qu'il peut succéder de son chef.

Quant à la réciprocité des successions, c'est une remarque qu'on a faite après coup, mais ce n'est pas une règle que s'est imposée le législateur, il pouvait donc y déroger dans notre article (1).

Seconde question. — Les enfants naturels du bâtard peuvent-ils demander l'application de l'article 759 ?

Supposons un instant l'enfant naturel légitime, ses enfants naturels auraient-ils droit à la succession de son père ou de sa mère ? Nullement : l'article 756 s'y oppose, c'est incontestable. Or, comment pourrait-il se faire que les enfants naturels d'un enfant naturel puissent avoir des droits sur cette même succession ? Ce serait favoriser la famille naturelle aux dépens de la légitime, et la morale se révolte contre une pareille solution. Donc les enfants naturels du bâtard ne peuvent pas réclamer pour eux l'application de l'article 759. Ce raisonnement me paraît inattaquable, et c'est en vain que des auteurs invoquent à l'appui de l'opinion opposée l'esprit général des textes et les travaux préparatoires (2), d'après lesquels il semblerait que l'article 759

---

(1) Demolombe, tome II, *Des successions*, p. 132-134 ; Demante, tome III, n° 78 bis, ɪ ; Aubry et Rau, tome V, § 605, p. 608 et 609.

(2) Voici la discussion sur laquelle se fondent ces auteurs :

Le consul Cambacérès demande si l'enfant naturel du bâtard jouira du bénéfice de l'article ?

doit s'interpréter d'après les paroles de MM. Berlier et Cambacérès.

Mais ces paroles ne sont que l'expression de l'opinion individuelle de ces deux personnages, opinion qui me semble repoussée par l'article 759 lui-même, lorsqu'il dit que les enfants ou descendants de l'enfant naturel peuvent exercer *les droits fixés par les articles précédents.*

Ce sont donc les mêmes droits, ni plus ni moins, tandis que MM. Berlier et Cambacérès ne leur accordent qu'une partie de ces droits. Donc l'opinion de ces Messieurs leur étant personnelle, et, se trouvant repoussée par notre texte même, ne peut influer en rien sur la manière de l'interpréter (1).

§ 2. — QUOTITÉ DES DROITS DES ENFANTS NATURELS INCESTUEUX OU ADULTÉRINS.

Nous avons vu, dans le premier chapitre, alors que je

La question ainsi posée, M. Berlier observe que l'article ne peut s'appliquer dans toute sa latitude à un tel enfant, puisqu'on a décidé : 1° qu'il n'était pas héritier, mais simplement créancier ; 2° que cette créance, réduite à une quotité des biens et des droits du père, ne les représente conséquemment pas en entier.

Le consul Cambacérès objecte que, quoique l'enfant naturel ne soi pas héritier, il a cependant droit à un tiers d'une part héréditaire dans la succession de son père. L'article transmet ce droit à ses descendants ; or s'il n'y a que des enfants naturels, ils auront un neuvième dans la succession de leur aïeul.

L'article est adopté (Fenet, tome XII, p. 30).

(1) Voir sur la question, pour et contre : Demolombe, tome II, *Des successions*, p. 134-137 ; Duranton, tome VI, n° 296 ; Delvincourt tome II, p. 22, note 1 ; Toullier, tome II, n° 259 ; Marcadé, art. 759, n° 1 ; Demante, tome III, n° 78 bis, II ; Aubry et Rau, tome V, § 605, p. 108, n° 15.

m'occupais de déterminer la nature des droits de tous les enfants naturels, que si les enfants naturels simples, quoique n'étant pas héritiers, avaient cependant un véritable droit successoral, il n'en était pas de même des enfants incestueux ou adultérins qui n'avaient qu'un simple droit de créance. Il me reste, dans le présent paragraphe, à déterminer quelle en pourra être la quotité.

La loi s'occupe de cette question dans les articles 762, 763 et 764 et l'on peut remarquer qu'après avoir déclaré, dans l'article 762, que le droit des enfants incestueux ou adultérins consiste à réclamer des aliments, elle pose une règle dans l'article 763, qu'elle fait immédiatement suivre d'une exception dans l'article suivant.

Ainsi, article 762 : la loi n'accorde aux enfants incestueux ou adultérins que des aliments.

Ils sont créanciers de cette dette alimentaire, ainsi que je l'ai dit dans le chapitre premier, dette dont le *quantum* est essentiellement variable et dont il est impossible, *a priori*, de fixer l'étendue. La loi ne peut donc que tracer la règle générale qu'il faudra suivre pour la liquider, et ce sera aux tribunaux à préciser le chiffre dans chacune des hypothèses qui se présenteront.

L'article 763 pose la règle dont nous venons de parler, en ces termes :

« Ces aliments sont réglés eu égard aux facultés du » père ou de la mère, au nombre ou à la quotité des hé-» ritiers légitimes. »

Cet article n'est qu'un corollaire d'une règle plus générale encore, et qui se trouve écrite dans l'article 208 :

« Les aliments ne sont accordés que dans la propor-» tion du besoin de celui qui les réclame et de la fortune » de celui qui les doit. »

Ce sont donc ces principes généraux qui doivent guider la jurisprudence et dont elle ne devra jamais s'écarter, sous peine de se mettre en contradiction avec les termes de la loi.

Les enfants adultérins ou incestueux auront plus ou moins, selon le degré de fortune de leurs parents : c'est l'application de l'article 763; mais il entre également, dans le calcul de leur créance, un autre élément dont nous parle cet article et qu'il faut faire ressortir : c'est la qualité des héritiers légitimes.

En effet, il est équitable que la famille légitime soit d'autant plus favorisée qu'elle tient de plus près au *de cujus* et que sa part soit au contraire moins forte, lorsque les liens d'affections, qui la rattachaient à celui-ci, se relâchent et s'affaiblissent. Les tribunaux devront donc moins accorder aux enfants adultérins ou incestueux, lorsqu'ils seront en concours avec les enfants légitimes du *de cujus* par exemple, que quand ils le seront avec un collatéral éloigné.

L'article 208 mentionne également un point dont il faut, selon moi, tenir compte, c'est le besoin des enfants adultérins ou incestueux.

On a cependant contesté cela, on a dit : Il n'y a pas ici une dette d'aliments ordinaire, due *pietatis causâ*, de parents à parents; mais une dette, sur une succession, à liquider une fois pour toutes, de manière à éloigner pour jamais de la famille légitime des bâtards incestueux et adultérins, sans qu'on ait à se préoccuper s'ils sont ou non dans le besoin.

Je crois bien que c'est une dette de la succession, qu'elle doit se liquider une fois pour toutes; mais je ne pense pas qu'elle doive se liquider au profit des enfants incestueux ou adultérins, si la position qu'ils occupent, au moment de l'ouverture de la succession, les met à

l'abri du besoin ; j'en trouve une preuve très-convain-
cante dans l'exception que fait à notre règle l'article 764 :

« Lorsque le père ou la mère de l'enfant adultérin ou
» incestueux lui auront fait apprendre un art mécani-
» que, ou lorsque l'un d'eux lui aura assuré des ali-
» ments de son vivant, l'enfant ne pourra élever aucune
» réclamation contre leur succession. »

Il apparaît bien par là que l'intention du législateur
est que, lorsque l'enfant incestueux ou adultérin se trouve
à l'abri du besoin, il n'a plus rien à réclamer sur la succession. Il a vu là un intérêt de morale publique, et s'il
a, avec l'article 764, prévu un des cas les plus ordinaires
dans lesquels l'enfant naturel se trouve à l'abri du besoin, il n'a eu, pour cela, aucune pensée d'exclusion.

Ainsi, peu importe de quelle manière l'enfant soit à
l'abri du besoin, que ce soit par son industrie privée ou
par suite des profits que lui procure l'état que lui ont
fait prendre ses parents. Cet état peut être tout autre
chose qu'un art mécanique; et si le texte a prévu spécialement ce cas-là, c'est, comme le dit très-bien M. Demolombe : « Parce que les père ou mère, afin de cacher
» leur propre honte, le font le plus ordinairement élever
» dans des conditions obscures, et aussi surtout parce
» que ces sortes d'état sont ceux qui deviennent le plus
» vite lucratifs et qui procurent des salaires ou des ga-
» ges, au moyen desquels l'artisan et l'ouvrier peuvent
» promptement suffire à leurs besoins. »

Par contre, si l'état que ses père et mère ont fait apprendre à leur enfant est insuffisant pour lui assurer des
moyens d'existence, sans qu'il y ait de sa faute, il est
dans le besoin et il a droit à des aliments; c'est ce
qu'a jugé avec raison la Cour de Toulouse, le 30 avril

1828; il en serait de même si l'enfant, quoique ayant un état suffisant pour lui assurer la vie, se trouve dans l'impossibilité de l'exercer, par suite d'accident ou de maladie.

Je pense même que les parents de l'enfant adultérin ou incestueux pourraient, de leur vivant, liquider la dette alimentaire dont ils sont débiteurs à son égard, et cela, sans son consentement; car il est admis, en principe, que tout débiteur peut payer avant le terme lorsqu'il n'a pas été stipulé en faveur du créancier.

L'article 908 nous dit que : « Les enfants naturels (et » par là il comprend tous les enfants qui ne sont pas » légitimes, c'est-à-dire les enfants naturels simples, les » adultérins et les incestueux) ne pourront, par donation » entre-vifs ou par testament, rien recevoir au delà de » ce qui leur est accordé au titre des successions. » Donc, en notre hypothèse, toutes les fois que l'enfant adultérin ou incestueux recevra d'une de ces deux manières plus que ne le permettent les articles 762, 763 et 764, la donation ou le legs sera frappé de nullité, nullité qui pourra être invoquée par toute personne intéressée, puisqu'elle est d'ordre public.

On comprend que si l'enfant adultérin ou incestueux ne peut pas recevoir plus, en revanche il ne peut pas recevoir moins que ne lui accordent les articles 762, 763 et 764, car, sans cela, comment vivrait-il? Et, pour le dire en passant, ce n'est bien que sous ce rapport qu'on peut dire que la dette d'aliments est indivisible (1).

---

(1) On peut consulter sur tous ces points : Demolombe, tome II, *des Successions*, p. 199-212; Marcadé, sur les articles 762, 763, et 764; Aubry et Rau, tome V, § 605; Duranton, tome VIII, nᵒˢ 270 et suivants Demante, tome III, nᵒ 82 bis.

CHAPITRE IV.

Du sort des libéralités faites par le de cujus, soit à ses enfants naturels, soit à des étrangers.

On voit la connexité des deux situations que j'ai réunies sous le même chapitre, elles sont pour ainsi dire l'inverse l'une de l'autre. Le *de cujus* ne pouvait, en effet, faire de libéralités entre-vifs ou testamentaires qu'à ses enfants ou à d'autres personnes, il importe donc d'étudier quel sera le sort de ces libéralités sous ces deux points de vue. Toutefois, il faut observer que je m'occuperai de la question non pas en général, mais seulement eu égard aux enfants naturels dont les droits font le seul objet de cette étude. Mon sujet, comprenant deux points de vue différents, demande naturellement deux paragraphes pour les traiter séparément. Dans un troisième, je me demanderai quels peuvent être les droits des enfants incestueux ou adultérins en cette matière.

§ 1. — DU SORT DES LIBÉRALITÉS FAITES PAR LE *DE CUJUS* A SES ENFANTS NATURELS.

Un père meurt ne laissant que des enfants légitimes auxquels il a fait des avancements d'hoirie, ceux-ci, à l'ouverture de la succession, sont tenus, s'ils veulent y prendre part, de rapporter tout ce qu'ils ont reçu de leur père, de son vivant ; c'est une règle fondamentale de nos successions, et qui a pour but de maintenir l'égalité dans les parts qui reviennent à chacun des héritiers. Si maintenant nous supposons que, parmi les enfants, les uns soient légitimes, les autres naturels, les premiers seront toujours tenus de rapporter ce qu'ils ont reçu, les seconds seront tenus d'imputer, sur ce qu'ils ont droit de prétendre, tout ce qu'ils ont pu recevoir du vivant de leur père. C'est ce que commande l'article 760 en ces termes :

« L'enfant naturel ou ses descendants sont tenus d'im-
» puter, sur ce qu'ils ont droit de prétendre, tout ce
» qu'ils ont reçu du père ou de la mère dont la succes-
» sion est ouverte et qui serait sujet à rapport d'après
» les règles établies à la section ii du chapitre vi du pré-
» sent titre. »

Ainsi, les enfants légitimes sont tenus de *rapporter*, les enfants naturels d'*imputer sur ce qu'ils ont droit de prétendre*. On se demande quelle différence il y a entre ces deux manières de rétablir l'égalité dans le partage, et si, au fond, sauf la différence de dénomination, elles ne sont pas une seule et même chose. Toutefois, on peut remarquer, dès à présent, qu'en édictant l'article 760, le législateur a eu un but qu'il est facile de reconnaître : celui d'empêcher l'enfant naturel de recevoir, par libé-ralités entre-vifs, plus que la part à laquelle il a droit d'après les articles précédents. C'est cette pensée que Chabot exprime en disant, dans son rapport au Tribunat, que l'imputation « est pour les héritiers légitimes une » garantie que les enfants naturels n'auront pas plus que » la loi ne permet de leur donner. »

Toutefois le législateur lui-même comprit bientôt l'inefficacité de cette prohibition, car elle ne s'appliquait qu'au cas où l'enfant naturel aurait accepté la succession, et il était facile pour lui de l'éluder, en y renonçant, quand il aurait reçu, du vivant de ses père ou mère, une part plus forte que celle à laquelle il aurait eu droit de prétendre, d'après les articles précédents. Aussi l'article 908 est venu compléter ce système de restriction salutaire, par une disposition qui sauvegarde les droits de la famille légitime et les intérêts moraux de la société : « Les enfants naturels ne pourront, par donations entre-» vifs ou par testament, rien recevoir au delà de ce qui » leur est accordé au titre des successions. »

Il est évident que, sans cette disposition, toutes les restrictions édictées dans notre chapitre eussent été illusoires, et nous aurions vu chaque jour la passion et l'entraînement des parents faire naître des abus scandaleux qu'il eût été impossible de réprimer.

Je reviens de cette courte digression, où m'a entraîné le désir de compléter la pensée du législateur, à mon sujet, à l'imputation, à ce mot si juste, si sage en apparence, et qui cependant a fait naître tant de controverses et de difficultés. Mon but étant de comparer l'imputation au rapport, d'établir entre eux un parallèle, de voir eu quoi ils diffèrent ou en quoi ils se ressemblent, il me paraît naturel d'établir d'abord trois règles qui, par leur généralité et leur importance, dominent toute la matière du rapport. Ces règles sont les suivantes :

1° Pour que le rapport soit dû, il faut que la libéralité ait un caractère sérieux, c'est-à-dire que le donateur se soit dépouillé, et le donataire enrichi : articles 852, 853, 854-856.

2° Si l'héritier donataire ou légataire renonce à la succession du donateur, le rapport n'est pas dû, mais il y a lieu à réduction, si le don ou le legs excède la quotité disponible : articles 843, 844, 845.

3° Le rapport se fait toujours en *moins prenant* pour les meubles, et presque toujours *en nature* pour les immeubles. Il agit comme une condition résolutoire en ce dernier cas, c'est-à-dire que l'immeuble est censé n'être jamais sorti des mains du donateur : articles 858 et suiv.

Si nous pouvons appliquer ces trois règles à l'imputation, évidemment ce ne sera, au fond, qu'un rapport déguisé sous un autre nom et bien à tort, selon moi, puisqu'il en est résulté de graves controverses ; si, au contraire, nous en trouvons une qui ne s'y applique pas, aussitôt nous comprenons que l'imputation puisse être un rapport *sui generis*, et nous accordons que le législateur a bien fait de ne pas le confondre avec le rapport ordinaire.

Or, examen fait, nous voyons que la première règle peut parfaitement s'appliquer à l'imputation, il est même nécessaire de l'y appliquer, et on ne la comprendrait pas sans cela. Là-dessus, tout le monde est d'accord ; la controverse n'existe pas et ne pouvait exister. Quant à la seconde, c'est différent, et, si l'on est unanime à dire, pour la première, qu'elle peut s'appliquer à l'imputation, on ne l'est pas moins à déclarer que celle-ci ne peut lui être appliquée.

Donc, en ce point au moins, l'imputation diffère du rapport et a sa raison d'être.

La question de savoir si la troisième règle, qui fixe la manière dans le rapport, doit s'effectuer, est applicable ou non à l'imputation est vivement controversée. En tous cas, si nous adoptons l'opinion de ceux qui pensent qu'elle doit s'y appliquer, nous voyons que tout en ayant sa raison d'être, tout en étant distincte du rapport, à cause de la prohibition de l'article 908, cependant l'imputation s'en rapproche de bien près, puisqu'elle prend naissance dans les mêmes occasions et s'accomplit de la même. manière. Je reprends successivement chaque règle.

Première règle. — L'enfant naturel sera tenu d'imputer dans les mêmes cas où l'enfant légitime est obligé de rapporter. Les deux obligations naissent de causes identiques, et les articles 852, 853, 856 s'appliquent également aux deux cas.

Seconde règle. — L'article 908 s'oppose, avec raison, à l'application de cette seconde règle à l'imputation, ainsi que nous venons de le prouver, et il s'y oppose tellement que l'enfant naturel ne peut, en aucune façon, être dispensé de l'obligation où il se trouve de remettre dans la succession tout ce qui lui est donné, par ses père ou mère, au delà de ce qu'il lui est permis de recevoir. Rien ne peut le soustraire à cette obligation, ni la dispense de rapport faite par le donateur, ni la renonciation à la succession. Il est traité pour tout ce qu'il a reçu en sus de la part qui lui est attribuée par nos articles, comme un véritable étranger, et cela m'amène à dire qu'il est soumis, non pas au rapport, mais à une véritable réduction de ce qui excède la part qui lui est fixée. Ainsi, son obligation ne prend pas naissance, comme le rapport, dans l'intention où paraît être le défunt, qui n'en a pas dispensé son héritier légitime, de maintenir l'égalité dans le partage de sa succession, mais dans la volonté impérative de la loi, qui, dans un intérêt de morale publique, ne veut pas que le père ou la mère naturel coupables puissent encore outrager impunément la société en avantageant leur fils naturel. Il suit de là que, toujours, l'imputation doit se faire sans qu'on prenne en considération la manière ou la personne par laquelle le don est parvenu à l'enfant naturel.

Notre article dit : *L'enfant naturel et ses descendants*, etc. Il est évident que la loi devait comprendre ces derniers dans sa prescription, car, autrement, rien n'eut été plus facile que de l'éluder. Ainsi ils devront imputer tout ce qu'ils auront reçu eux personnellement, et tout ce qu'aura reçu leur auteur. Et cette double imputation devra avoir lieu, non-seulement quand ils succèdent par représentation ou en cas de prédécès de leur auteur, mais même quand celui-ci est renonçant ou indigne et qu'ils succèdent de leur chef; car, dans ce cas, leur père est considéré comme n'ayant jamais été héritier. Si on m'objectait l'article 848, je répondrais que je viens de faire voir que, sur le point que nous débattons, l'imputation tient plutôt de la réduction que du rapport, et qu'on ne peut pas par conséquent y appliquer les règles qui régissent le rapport. Au reste, si on admettait ici l'application de l'article 848, on fournirait à l'enfant naturel un moyen commode de violer la disposition impérative du législateur, en renonçant toujours à la succession, lorsqu'il aurait reçu plus que ne le permet l'article, de manière à ce que ses enfants, venant de leur chef et dispensés de l'imputation, puissent garder tout ce qu'il a reçu.

Nous avons jusqu'à présent considéré les enfants légitimes de l'enfant naturel comme personnes interposées, conformément à l'article 911, examinons quel serait le sort des libéralités qu'on leur ferait directement après la mort de l'enfant naturel. Des auteurs prétendent que ces libéralités seraient valables, et que les enfants de l'enfant naturel pourraient les garder tout entières. Voici leur raisonnement : L'article 902 nous dit que tout le monde peut disposer ou recevoir par donation entre-vifs ou par testament, excepté ceux que la loi en déclare incapables. Voyons donc si les enfants dont nous parlons sont exceptés de cette permission générale.

En tout cas, ce n'est pas l'article 759 qui édicte cette exception, car s'il ne leur permet pas de recevoir plus que leur père ou mère à titre successif, il ne leur défend pas non plus de recevoir au delà à titre gratuit ;

Ni l'article 760 ; car, s'il leur ordonne d'imputer ce qu'ils ont reçu sur la part qu'ils ont à réclamer, il ne leur défend pas de garder toute la libéralité, s'ils renoncent, et ils ne font en cela qu'user du droit que possède tout héritier donataire ;

Ni enfin l'article 908, car, s'il édicte une exception pour les enfants naturels, il n'en fait point pour leurs descendants légitimes. Or, *qui dicit de uno negat de altero*. Donc ils ne sont point compris dans cette exception.

Donc enfin, pour généraliser, puisque nous ne voyons aucun article constituer une exception à leur détriment, ils doivent forcément jouir de la permission générale qu'accorde l'article 902.

Encore un argument de texte qu'on croit irréfutable, parce que le syllogisme est bien déduit de ses prémisses, et qu'on ne tient pas compte de l'intention du législateur ! Sans doute il aurait fallu que cette intention ressortît du texte plus claire et plus évidente, mais lorsque cependant, d'après l'ensemble général des dispositions, d'après la raison, elle apparaît manifestement, il n'y a pas de syllogisme, si bien bâti qu'il soit, qui puisse tenir contre elle !

Je ferai donc à mes adversaires ce simple raisonnement : Vous convenez vous-même que le législateur a eu raison d'assimiler à l'enfant naturel ses propres enfants dans les articles 759 et 760. Or, pouvait-il avoir un motif qui le dispensât de le faire dans l'article 908 ? Aucun. Et l'on ne peut nier que les motifs d'assimilation ne soient exactement les mêmes. Donc, son intention évidente est que, même dans cet article, ils lui soient assimilés. Il est vrai que le texte ne parle pas d'eux, mais le législateur a employé un terme qui peut, à la rigueur, les y comprendre. Et en tout cas, si vous ne les y comprenez pas, vous le mettez en contradiction flagrante avec sa propre volonté. Il est donc bien plus sage ici de se dégager d'une interprétation terre à terre, et de reconnaître que, dans un texte jeté d'ailleurs incidemment au milieu d'une énumération d'incapacités, l'expression ait pu trahir sa pensée.

Autre preuve : les articles 757-760 étaient incomplets, nous l'avons vu ; leurs prohibitions ne remplissant pas entièrement le but que s'était proposé le législateur, c'est pour achever son œuvre que le législateur a édicté l'article 908 ; or, comment peut-il se faire que dans un article destiné à compléter les articles 757-760, où on assimile constamment les descendants des enfants naturels à ces enfants, le législateur ait fait exprès de les omettre ? Cela n'est guère probable, d'autant plus que, si l'on admet que l'article 908 ne comprend pas les enfants de l'enfant naturel dans sa prohibition, si on leur permet, par conséquent, de conserver les libéralités qui excèdent ce qu'ils doivent avoir d'après les articles 757 et suivants, on les place dans la même condition que les enfants légitimes du *de cujus*, et on doit permettre à celui-ci de les dispenser de l'imputation au cas où ils accepteraient la succession. Qui ne voit que cette conséquence forcée de l'opinion adverse viole tout à fait la pensée et le texte de l'article 760 ?

On m'objecte que mon système aboutit à ce singulier résultat, de permettre au père ou à la mère naturels de faire des libéralités aux descendants naturels de leur enfant, tandis qu'ils ne peuvent en faire à ces mêmes enfants, s'ils sont légitimes.

Je ne nie pas la singularité du résultat, et, sans discuter sur ce qu'il peut avoir de choquant au point de vue de la morale, je me bornerai à dire qu'il est logique dans le système qu'a adopté le Code. En effet, il a reconnu une parenté entre le père ou la mère naturels et les descendants légitimes de leur enfant, il est donc juste qu'il la règlemente ; il n'en reconnaît aucune, au contraire, entre le père ou la mère naturels et les descendants naturels de leur enfant : il est donc également juste qu'il ne la règlemente pas (1).

3e *Règle.* — Il nous reste à examiner si cette règle du rapport s'applique à l'imputation, c'est-à-dire si le mode selon lequel le rapport s'effectue, peut être adopté pour l'imputation. Ce point délicat se trouve vivement controversé, et, dans les deux camps, on est loin d'être d'accord. Les uns disent : Le rapport et l'imputation sont deux choses fort différentes ; la preuve, c'est qu'ils partent tous deux de principes fort différents ; leurs modes de procéder et leurs résultats ne peuvent donc être les mêmes.

---

(1) C'est surtout la jurisprudence qui a soutenu le premier système, ainsi que le prouvent les arrêts suivants : Colmar, 31 mai 1825 ; Douai, 9 mai 1836, et surtout arrêt de la Cour de cassation, du 15 avril 1840.

La doctrine, à une grande majorité, est du côté du second. Voir : Demolombe, tome II, *Des successions*, p. 149-152 ; Duranton, tome VIII, n° 247 ; Marcadé, art. 908, n° 508 bis, et art. 911, n° 523 ; Aubry et Rau, tome V, § 605, p. 111.

Les autres soutiennent que, une fois qu'on a établi la différence qui existe dans leur point de départ, leurs modes de procéder et leurs résultats doivent être identiques.

L'unique argument des premiers se trouve dans le mot *imputer*. La loi, disent-ils, s'est servi dans notre article du mot *imputer*, donc elle a voulu établir une différence avec le rapport, non-seulement quant au point de départ, mais même quant aux effets et aux moyens. Qu'est-ce en effet qu'imputer sur ce qu'on a droit de réclamer ? C'est garder ce qu'on a reçu jusqu'à concurrence de la part qui doit, en définitive, vous revenir dans la succession. Tous sont d'accord là-dessus. Mais, si on leur objecte que la loi n'a pas organisé l'imputation, que si elle avait voulu la différencier du rapport, quant aux moyens et aux effets, elle aurait fait quelques dispositions pour guider les interprètes ; ils répondent que, sans doute, la loi aurait mieux fait de le faire, mais, qu'à son défaut, les principes et le bon sens peuvent y suppléer, et là-dessus, chacun bâtissant son système, arrive à des résultats tout opposés ; or, il me semble que les principes et le bon sens sont uns, et que, lorsque l'on se repose sur les véritables principes et le vrai bon sens, on arrive en général à des conclusions identiques. Cette divergence me porte donc à me méfier d'un système qui peut ainsi aboutir à des résultats si différents.

Ainsi, on a soutenu que les objets, donnés à l'enfant, sont complétement en dehors de la succession, que, pour calculer sa part, on ne doit pas compter ce qu'il a reçu, mais qu'une fois cette part calculée, il sera tenu de rendre tout ce qui l'excédera.

Mais cette interprétation du mot *imputer* est inadmissible. En effet, l'enfant naturel doit avoir le tiers, la moi-

tié ou les trois quarts de ce qu'il aurait eu s'il eût été
légitime ; or, s'il l'eût été, il aurait été obligé de rapporter le don à lui fait, ce qui aurait grossi d'autant sa
part ; donc, en considérant ce don comme complète-
ment étranger à la succession, on ne lui accorde pas
exactement le tiers, la moitié ou les trois quarts de ce
qu'il aurait eu s'il eût été légitime. En outre, pour peu
qu'on y réfléchisse, on verra que la part de l'enfant naturel diminuera d'autant plus qu'on s'est montré, à son
égard, plus libéral.

D'autres ne vont pas si loin, mais, toutefois, ils pensent également que l'imputation n'a rien de commun
avec le rapport en moins prenant ou en nature, et l'enfant, disent-ils, reste toujours propriétaire de ce qu'on
lui a donné entre-vifs. Donc, l'article 856 n'est pas applicable à l'imputation.

Donc, ni les articles 855, 859 et 860 ; car que doit
imputer l'enfant naturel ? Tout ce qu'il a reçu ; or, qu'a-
t-il reçu ? La valeur qu'avait l'objet donné au moment
de la donation. En conséquence, ce sera lui qui profitera
de l'augmentation de valeur ou pâtira de la dépréciation
de la chose qui lui a été donnée.

Enfin les derniers, moins radicaux encore, pensent
que l'imputation diffère du rapport, seulement en ce que
le rapport peut se faire soit en nature, soit en moins
prenant; tandis que l'imputation ne se fera jamais qu'en
moins prenant.

Donc l'article 856 est applicable à l'imputation, de
même les articles 855, 860, 861, 862, 863 et 864, qui
règlent le rapport des immeubles en moins prenant.

Ce système qui, partant d'un point de départ unique,
aboutit à tant de divergences, n'a pas mes sympathies,
je l'ai déjà dit ; aussi je préfère de beaucoup celui des

auteurs qui pensent que, quant aux moyens et effets, le rapport et l'imputation se ressemblent totalement.

Ce qui me fait pencher d'abord en faveur de cette opinion, c'est que le législateur, loin de régler l'imputation, s'en réfère à ce qu'il a dit sur le rapport : « L'en-
» fant naturel ou ses descendants sont tenus d'impu-
» ter....., tout ce qui serait sujet à rapport d'après les
» règles établies de la section II du chapitre VI du pré-
» sent titre. »

En outre, d'après l'article 757, l'enfant naturel devant avoir une fraction de ce qu'il aurait eu s'il eût été légitime, pour la connaître exactement, il faut composer la masse comme s'il était héritier légitime ; or étant légitime, il pourrait exiger le rapport et on pourrait l'exiger de lui. Donc.

On peut remarquer, en effet, que le système opposé, en voulant distinguer l'imputation du rapport, renverse la théorie établie par le législateur dans les articles 757 et suivants ; car il n'assimile plus d'abord l'enfant naturel à un légitime, pour connaître ce qu'il aurait eu dans cette position et lui en attribuer ensuite une fraction comme naturel.

Enfin il est facile de comprendre toutes les incertitudes, toutes les chances qui résultent de ce système, suivant le sort qu'auront eues les choses données à l'enfant naturel, car, si elles ont beaucoup augmenté de valeur, il se trouve, vis-à-vis de ses frères légitimes, avoir une position trop belle, et si, au contraire, les choses ont péri, on a été injuste à son égard. Je ne m'étonne pas, après cela, que ses partisans eux-mêmes n'y aient vu qu'injustice et incohérence !

Je me résume donc en disant : que, pour l'imputation comme pour le rapport, il faut des libéralités véritables pour y donner lieu ; que, si le *de cujus* peut dispenser du rapport son héritier légitime, ou celui-ci s'en dispenser en renonçant à la succession, rien ne peut dispenser de l'imputation l'héritier naturel, lorsque le don qu'on lui a fait, excède ce qu'il peut recevoir d'après les articles 757 et suivants, et en dernier lieu, qu'à part cette différence entre le rapport et l'imputation, la seconde ne diffère en rien du premier, quant aux moyens et aux effets. Par conséquent l'article 856 s'appliquera à l'imputation ; les articles 859 et suivants, qui règlent le rapport des immeubles en nature, également ; de même l'article 855, qui règle le cas de perte, ainsi que le principe général qui est contenu dans l'article 857, et les créanciers et légataires du défunt n'auront rien à prétendre sur l'imputation. Je puis ajouter, je crois, sans crainte d'être contredit que, toutes les fois que le don fait à l'enfant, n'excédera pas ce qu'il lui est permis de recevoir par nos articles, il pourra le conserver en renonçant à la succession, ou le donateur pourra le dispenser du rapport (1).

On voit, par ce que j'ai dit, que, si l'enfant naturel doit le rapport à ses co-héritiers, la réciproque est tout aussi vraie. Je ne ferais pas ainsi remarquer une chose qui me paraît évidente si on ne l'avait contestée. Il est des gens en effet, qui ont soutenu qu'on ne le lui devait pas. Ce serait perdre son temps que de réfuter les divers

---

(1) On peut voir sur cette discussion les opinions de Demolombe, tome II, *Des successions*, p. 157-160 ; Aubry et Rau, tome V, § 638, p. 370, texte et notes 12 et 13 ; Marcadé, sur l'art. 760 ; Chabot, art. 760, n° 2 ; Poujol, art. 760, n° 1 ; Troplong, *Des donations et des testaments*, tome II, n° 974 ; Toullier, tome II, n° 258 ; Loiseau, p. 695 et 698 ; Delvincourt, tome II, p. 22, note 5, et les arrêts suivants : Cassation, 11 janvier 1831 ; Cassation, 14 décembre 1830 ; Cassation, 28 juin 1831 ; Cassation, 16 juin 1847.

systèmes auxquels a donné lieu cette idée, il suffit de dire que tous pèchent par la base, en ce qu'ils sont une violation flagrante de l'article 757.

M. Demante, enfin, fait une distinction que je n'admets pas : le rapport sera dû à l'enfant naturel, quand il se trouvera en concours avec des enfants légitimes, et ne lui sera pas dû, s'il concourt avec des ascendants ou des collatéraux. Le motif qu'il donne est le suivant (1) : « C'est seulement lorsque l'enfant naturel est en con- » cours avec un ou plusieurs enfants légitimes, que son » droit a pour type la mesure d'une portion héréditaire : » or, il est clair, dit-on, que la portion héréditaire qu'il » aurait eue alors, s'il eût été légitime, se serait trouvée » grossie des rapports dus par les autres enfants ; mais ce » raisonnement n'est pas applicable, lorsque l'enfant na- » turel est en concours avec d'autres héritiers qu'il aurait » exclus, s'il eût été légitime ; car cette classe de parents, » qui ne seraient pas alors venus à la succession, n'au- » raient pas été tenus d'y rapporter les libéralités qu'ils » tiennent du défunt. »

Ce raisonnement, qui tendrait à dire que la loi, dans l'article 757, a établi deux modes de règlement diffé- rents pour les droits successifs de l'enfant naturel, a été déjà longuement réfuté dans le chapitre précédent, aussi je me garderai bien d'y revenir, craignant de fatiguer le lecteur par des redites inutiles, qui n'ajouteraient rien d'ailleurs à sa conviction.

Je n'ai toujours supposé que l'existence d'un seul en- fant naturel dans tous les raisonnements que je viens de faire, mais on comprend facilement que les principes

_____

(1) Tome III, n° 96 bis.

ne changent pas, si j'en suppose plusieurs : soit deux
enfants naturels et un légitime. La succession est de
6,000 fr. et un des enfants naturels a reçu 3,000 fr. Le
montant de la masse à partager étant de 9,000 fr.,
chaque enfant naturel aura 1,000 fr. Donc l'enfant naturel qui a reçu les 3,000 fr. devra en rapporter 2,000,
de même que l'enfant légitime serait tenu de rapporter
1,000 fr. à cette masse, s'il avait reçu, par un avancement d'hoirie, une somme de 4,000 fr.

Il peut se faire également qu'il n'y ait que des enfants
naturels pour partager une succession ; en ce cas, je crois
que les règles du rapport, que nous avons exposées plus
haut, s'appliqueront intégralement, et que nous aurons
alors un rapport proprement dit. En effet, si nous considérons dans quel but et pour protéger quels intérêts les
articles 760 et 761 ont été édictés, nous voyons que ce
but et ces motifs de protection manquent absolument
dans notre hypothèse, puisqu'il n'y a pas de famille légitime. Donc, je ne vois pas pourquoi on ne suivrait pas
les règles ordinaires contre les enfants naturels et pourquoi, enfin, il ne serait pas permis au père naturel, d'a-
vantager, dans les limites permises par la loi, comme il
pourrait le faire dans sa famille légitime, un de ses enfants qui se serait conduit avec plus de dévoûment et de
piété filiale que les autres.

§ 2. — DU SORT DES LIBÉRALITÉS FAITES PAR LE *DE CUJUS*
A DES ÉTRANGERS.

Ce paragraphe va être consacré, ainsi que nous l'an-
nonce son titre, à discuter l'importante question de savoir si l'enfant naturel a droit à une réserve, quelle en
est la quotité et de quelle manière et par qui elle doit

être fournie. Je n'insisterai pas sur le but et la nature de la réserve qui, je le suppose, sont connus de tout le monde et ne font pas, du reste, partie du sujet de mes études.

1° — L'enfant naturel a-t-il droit à une réserve ?

Cette question souleva, dès l'origine de la mise en vigueur du Code, de vifs débats, et l'opinion contraire à celle qui est aujourd'hui universellement adoptée se trouvait vigoureusement défendue par de vaillants et habiles champions, et par des arguments qui ne manquaient ni de portée ni de logique.

La réserve, disait-on, est de droit exceptionnel, et pour y avoir droit il faut qu'un texte vous l'attribue ; or, l'article 913 et les articles suivants ne font aucune mention de l'enfant naturel. Donc. L'article 916 vient corroborer cet argument, en déclarant qu'à défaut d'enfants légitimes ou d'ascendants, le *de cujus* pourra épuiser sa succession par des libéralités.

Les frères et sœurs du défunt n'ont pas de réserve, ajoutait-on, pourquoi l'enfant naturel en aurait-il une ? Il ne mérite pas plus de faveur, puisque dans l'article 757 le législateur lui-même le met sur la même ligne que les frères et sœurs et partage la succession entre eux.

On terminait enfin, en argumentant très-fortement du silence du législateur. En effet, nous ne voyons rien, dans la section Ire du chapitre III du titre II, qui touche à cette question importante, et ce n'est pas dans les articles 756 et suivants qu'elle peut se trouver réglée, puisqu'il n'y est question que des successions *ab intestat*. Donc, cela nous prouve que les enfants naturels n'ont pas droit à une réserve, car, comment concevoir que le législateur ait gardé le silence sur un point si important, sur une matière si délicate et qui soulève de si nombreuses difficultés ?

Retranchés dans ces arguments, fort spécieux du reste, les partisans du premier système se croyaient inattaquables. Il n'en a rien été cependant et leur système, réfuté sur tous les points, est aujourd'hui généralement abandonné.

D'abord on leur dit : La réserve est de droit exceptionnel, c'est vrai ; et pour en jouir il faut que la loi l'accorde, mais elle peut le faire, soit expressément, comme elle l'a fait pour les enfants légitimes , soit implicitement, par des articles qui en supposent nécessairement l'existence, et c'est notre cas.

En effet, d'après l'article 757, l'enfant naturel doit avoir une fraction de ce qu'il aurait eu s'il eût été légitime ; or, s'il eût été légitime, il aurait eu droit à une réserve. Donc, étant naturel, il a droit à une fraction de la réserve qu'il aurait eue étant légitime.

Et l'article 761 n'implique-t-il pas avec une force irrésistible l'existence de cette réserve, puisque le père ou la mère naturels ne peuvent pas, en faisant à leur enfant une donation entre-vifs, lui enlever plus de la moitié de ce à quoi il a droit après leur mort ?

Ils ne peuvent donc pas le dépouiller entièrement. Bien plus, ils ne peuvent pas user de la faculté que leur accorde l'article 761 par un don testamentaire; cela est évident, puisque l'article ne leur accorde cette faculté qu'autant qu'ils font une donation entre-vifs. Donc, ils ne pourront pas tout lui enlever, ou tout donner à un légataire universel.

En outre, l'enfant naturel est préférable aux enfants adultérins ou incestueux; pourtant si on veut que le législateur ne lui ait pas accordé de réserve, il est beaucoup plus maltraité qu'eux, car nul article ne lui accorde un droit aux aliments ; sa réserve doit donc être forcément constituée au moins de son droit à des aliments.

L'argument d'analogie qu'on tire de son concours, avec les frères et sœurs du défunt, n'est pas fort ; car je ferai remarquer que, dans le même article, la loi le fait concourir avec des ascendants, lesquels ont droit à une réserve, et le raisonnement se renverse facilement.

Ainsi, le silence du législateur sur l'existence même du droit de réserve n'est donc qu'apparent, mais son langage implicite est si éloquent, que tout le monde accorde maintenant aux enfants naturels le droit d'avoir une réserve, et que la controverse s'est apaisée depuis longtemps. J'avoue cependant que le législateur n'aurait pas dû se borner là, et qu'il aurait épargné aux commentateurs bien des embarras, bien des difficultés, en réglant la réserve des enfants naturels, comme celle des légitimes ; mais de ce qu'il ne l'a pas fait, il ne faut pas tirer argument, comme le faisaient les soutiens du premier système, pour nier l'existence même de cette réserve et, par là, se débarrasser du même coup de toutes les difficultés dont se trouve hérissé un pareil sujet (1).

Mais de ce que nous accordons à l'enfant naturel une réserve, il ne s'ensuit pas qu'il soit pour cela un héritier proprement dit et qu'il ait la saisine. Non, son droit ne change pas de nature, et, simple successeur aux biens, il est toujours tenu de demander l'envoi en possession provisoire.

---

(1). Voir sur ce point : Chabot, sur l'art. 756, nᵒˢ 17 et suiv.; Demolombe, *Des donations et des testaments*, tome II, p. 229-233; Toullier, tome III, nᵒ 104; Duranton, tome VI, nᵒ 509 ; Troplong, tome II, nᵒ 771 ; Vernet, p. 508-510 ; Aubry et Rau, tome V, § 686, p. 587 et 588, et les arrêts suivants : Cassation, 26 juin 1809; Rouen, 31 juillet 1820 ; Cassation, 27 avril 1830 ; Paris, 20 avril 1853.

2° — Quelle est la quotité de cette réserve ?

On s'est épuisé en discussions stériles sur ce sujet à l'origine, mais maintenant tout le monde est d'accord sur ce point comme sur l'autre, et l'on est convenu d'appliquer à la fixation du montant de la réserve le même procédé qu'on a employé pour reconnaître que l'enfant naturel y avait droit (1).

Par conséquent, il faut distinguer suivant les parents avec lesquels l'enfant naturel concourt et lui accorder le tiers, la moitié ou les trois quarts de la réserve à laquelle il aurait eu droit, s'il eût été légitime. « En un » mot, comme le dit M. Demolombe, de même que la » portion héréditaire de l'enfant légitime sert de base et » de type à la portion héréditaire de l'enfant naturel ; de » même, la réserve de l'un sert de base et de type à la » réserve de l'autre. »

Exemple : Le *de cujus* laisse un fils naturel et un fils légitime ; si le fils naturel eût été légitime, quelle eût été sa réserve ? Le tiers de la succession. Il faudra donc lui accorder le tiers de ce tiers, c'est-à-dire un neuvième de la succession totale comme réserve.

Les mêmes principes s'appliqueraient au cas où l'enfant naturel serait en concours avec des petits-enfants du *de cujus* venant, soit par représentation, soit de leur chef.

---

(1) On peut consulter, pour connaître les diverses opinions qui se produisent sur la fixation de la quotité de la réserve, Louis Gros, *Revue critique de législation*, 1857, p. 78 et 79; un arrêt de Paris, du 4 avril 1810, et les arrêts de Cassation du 26 juin 1809, du 27 avril 1830 et du 20 avril 1853.

L'enfant naturel est en concours avec des ascendants ou des frères et sœurs du défunt. Qu'aurait-il eu, comme réserve, s'il eût été légitime ?

La moitié de la succession ; il n'a donc droit qu'à un quart dans notre hypothèse, puisque d'après l'article 757, lorsqu'il est en concours avec des ascendants ou des frères et sœurs du défunt, il n'a droit qu'à la moitié de ce qu'il aurait eu, s'il eût été légitime.

On arriverait par le même raisonnement à ne lui accorder, comme réserve, que les trois huitièmes de la succession quand il se trouve en concours avec des collatéraux plus éloignés.

Lorsque l'enfant naturel est en concours avec des ascendants dans une ligne, et dans l'autre avec un collatéral éloigné, il s'est élevé, à propos du calcul de sa réserve, exactement la même question que celle qui s'est élevée sur le calcul de sa part, dans la succession *ab intestat :* aussi je la résoudrai comme précédemment, par les mêmes motifs, en décidant que la réserve de l'enfant naturel serait du quart dans ce cas, puisque j'ai admis et prouvé que sa part de la succession serait de la moitié du montant total de cette succession.

Au cas où l'enfant naturel se trouve seul à venir à la succession, il est clair qu'il a pour réserve la moitié du tout : article 758.

Pour continuer la corrélation entre la réserve et la succession *ab intestat,* il faut admettre que le calcul de la première, comme celui de la seconde, se fonde sur le nombre de parents qui viennent à la succession et non sur ceux que le *de cujus* a laissés. C'est la logique qui le veut ainsi, et j'avoue que je suis fort étonné de voir MM. Aubry et Rau, si éminents jurisconsultes d'ailleurs et si sensés, admettre la même base que moi pour le calcul de la succession *ab intestat*, et la seconde pour le calcul de la réserve (1).

Ce que je viens de dire d'un enfant naturel doit se généraliser et s'appliquer à la famille naturelle tout entière, de quelque nombre d'enfants qu'elle soit composée, ainsi que je l'ai amplement démontré en exposant le premier et le second systèmes sur la manière d'expliquer l'article 757.

La réserve des enfants naturels, telle que nous venons de la fixer, ne peut pas être diminuée, autrement ce ne serait plus une réserve, et cette réflexion fort simple, s'ajoutant aux arguments que j'ai exposés au chapitre second de cette étude, à propos de l'article 761, doit décider entièrement le lecteur à se ranger à mon avis.

Toutefois, je suis de l'opinion de ceux qui pensent que, si l'enfant a été réduit à sa moitié d'après l'article 761, il ne pourra pas ultérieurement réclamer sa réserve par voie de réduction, si cette réserve est plus forte que cette moitié, et cela par la raison péremptoire que le but de l'article 761 est d'écarter l'enfant naturel de la succession *ab intestat*, et qu'il serait complétement méconnu s'il pouvait venir réclamer le montant de sa réserve, qui n'est elle-même qu'une portion de la succession *ab intestat*, dont son père a formellement manifesté l'intention de l'écarter en usant de la faculté que lui confère notre article.

Ayant résolu, comme je l'ai fait, la question de la réserve de l'enfant naturel et indiqué la manière de procéder pour en fixer la quotité, tout me porte à croire qu'elle doit se former sur les mêmes biens qui servent à

---

(1) Tome V, §.686, p. 589, le texte et note 6.

former celle de l'enfant légitime. Aussi est-ce l'opinion qui soutient cela que j'adopte fermement et sans hésitation aucune !

Je ferai remarquer cependant que les dissidences qui se sont manifestées sur d'autres points, existent également sur celui-ci. Il importe donc de les résumer brièvement.

Les uns, se fondant sur ces mots des articles 756 et 757 : *décédés*, prétendent que l'enfant ne peut demander que la réduction des legs. Plaisante réserve, en vérité, que des donations même de biens à venir peuvent anéantir entièrement ! Du reste, les partisans de ce système ne sont pas logiques, car les legs eux-mêmes ne font plus partie de la succession *ab intestat*. Aussi cette opinion est-elle à peu près généralement abandonnée (1). Les autres font une distinction parmi les donations. Pour celles antérieures à sa reconnaissance, ils refusent à l'enfant naturel le droit de demander la réduction, mais ils le lui permettent pour les autres. Double en est le motif : 1° les droits acquis des donataires antérieurs qu'il faut respecter ; 2° le principe de l'irrévocabilité des donations que pourrait violer le donateur par une reconnaissance mensongère.

Mais cette distinction méconnaît le caractère d'une reconnaissance d'enfants naturels ; ce ne serait qu'un acte de pure volonté de la part des père ou mère, tandis qu'elle est le plus sacré de tous les devoirs, basé sur les notions les plus universelles de la morale et sanctionné

---

(1) Voir là-dessus : Merlin, *Questions de droit*, v° *Réserve*, § 1, n° 2; Vernet, p. 514; Troplong, tome II, n° 931 ; Aubry et Rau, tome V, § 686, p. 590, texte et note 8, et les arrêts suivants : Douai, 14 août 1811 ; Amiens, 26 novembre 1811 ; Cassation, 26 juin 1831.

par le droit qui en fait, comme le mariage, comme l'a-
doption, un acte de l'état civil.

Or, les enfants adoptifs comme les légitimes jouissent
du droit de faire réduire toutes les donations sans distinction. Donc. Quant à la fraude qu'on redoute de la
part du donateur, l'article 339 est là pour en faire justice, et, avec cette arme entre les mains, les donataires
n'ont rien à craindre (1).

De plus, on peut opposer à ces deux systèmes une objection que nous avons répétée déjà bien des fois et qui
sert à réfuter victorieusement tous ceux qui veulent établir une différence quelconque entre la réserve de l'enfant naturel et celle de l'enfant légitime, sauf celle que
nous reconnaissons nous-même, et qui existe à propos
de leurs quotités respectives. C'est que, si on veut apporter une entrave totale ou partielle dans le droit qu'a l'enfant naturel de faire réduire les donations faites par ses
père ou mère, on ne lui accorde plus la fraction de la
réserve à laquelle il aurait eu droit s'il eût été légitime,
car, s'il l'eût été, il aurait pu faire réduire toute donation excédant la quotité disponible, et, quoi qu'en dise
M. le premier président de la Cour de cassation, cette
Cour, en nous donnant raison, n'a pas seulement fait
preuve de *condescendance pour les enfants naturels*,
mais a obéi aux éternelles lois de la logique et de la
raison (2).

---

(1) Voir sur ce second système : Merlin, *Répertoire*, v° *Réserve*, section IV, § 9 ; Toullier, tome III, n° 263 ; Chabot, art. 756, n° 20 ; Loiseau, *Des enfants naturels*, p. 698 ; Troplong, tome II, n°s 771 et 932, et
un arrêt de la Cour de Rouen, du 27 janvier 1844.

(2) Troplong, tome II, n° 82 ; Duranton, tome VI, n°s 311-313 ; Aubry et Rau, tome V, § 686, p. 591 ; Vernet, p. 515, et les arrêts suivants : Toulouse, 15 mars 1834 ; Cassation, 16 juin 1847.

3° — *De quelle manière et par qui doit être formée la réserve?*

Ici, les difficultés de notre matière, que j'ai essayé d'aplanir du mieux qu'il m'a été possible dans les deux premiers numéros de ce paragraphe, augmentent encore, le sujet se hérisse d'obstacles imprévus, se charge de complications nouvelles, et ce n'est, si je puis m'exprimer ainsi, que la sonde à la main que nous pourrons avancer au milieu des contradictions et des obscurités qu'il présente à chaque pas. Mettons d'abord hors de cause les points sur lesquels la controverse n'est pas possible.

Le *de cujus* n'a laissé aucun héritier réservataire autre que l'enfant naturel, en ce cas, la réserve de ce dernier est prise sur la succession, abstraction faite des autres héritiers qui n'y ont aucun droit. De même, et *à fortiori*, au cas où le *de cujus* n'aurait pas laissé dans sa famille légitime de parents au degré successible.

Mais les difficultés jaillissent en foule du choc des intérêts rivaux des deux familles, lorsqu'elles contiennent, toutes deux, dans leur sein, des héritiers à réserve. Sur quelle partie de la succession doit être prise la réserve des enfants naturels? Sera-ce sur la part afférente aux héritiers réservataires légitimes? Sera-ce sur la quotité disponible? Sera-ce enfin proportionnellement sur toutes deux? Questions grosses d'orages et de discussions!

Un système soutenu par M. Richefort (*Traité de l'état des familles*, etc., n° 392) prétend que la réserve de l'enfant naturel, en concours avec un héritier à réserve et un légataire universel, doit se prendre sur la quotité disponible, mais il suffit de citer un exemple pour que le vice de ce système saute aux yeux et pour le rendre par conséquent inadmissible. Je suppose donc un enfant naturel, un légitime, un légataire universel et 9,000 fr. dans la succession. M. Richefort dit : Si l'enfant naturel était légitime, la quotité disponible serait de 3,000 fr.; par conséquent, voilà ce qui doit revenir au légataire universel ; maintenant, quant à la somme provenant de la réduction qui sera éprouvée par l'enfant naturel, d'après l'article 757, elle doit être attribuée tout entière à l'enfant légitime, car cette réduction n'a lieu qu'en faveur de la famille légitime. L'enfant légitime aura donc, d'abord ses 3,000 fr. plus les 2,000 fr. qu'on enlève à son frère naturel, ce qui lui fera 5,000 fr., c'est-à-dire plus de la moitié de la succession, et pourtant s'il eût été tout seul en face du légataire universel, il n'aurait eu que la moitié. Ainsi la présence de son frère naturel, au lieu de lui nuire, ce qui devrait être raisonnablement, lui profite au contraire. Ce résultat n'est pas admissible; il choque trop ouvertement les principes que nous avons admis pour que le système dont il découle puisse avoir quelque chance de réussite.

L'ingénieux système de M. Gros résoud la question qui nous occupe avec l'élégance qui lui est propre ; mais je lui ferai toujours le même reproche, celui de ne pas s'appuyer sur la véritable pensée du législateur. Il dit : Quand il existe une masse insuffisante à satisfaire plusieurs droits également légitimes, comme l'un ne peut pas être réduit au profit des autres, il faut tous les réduire proportionnellement, or c'est le cas qui nous occupe : l'enfant légitime, l'enfant naturel, le légataire ont

15

chacun des droits également légitimes, il faut donc les réduire proportionnellement (1).

Ceci est très-logique, très-judicieux; et je suis le premier à accorder que, si la loi devait être refaite, elle devrait l'être en ce sens.

Mais elle existe autrement, et ce n'est pas au jurisconsulte à la refaire : sa seule mission, c'est de l'interpréter en s'appuyant, quand il y a doute, sur la pensée du législateur et les principes. Or, ici, si nous combinons les articles 757 et suivants, avec l'article 913, nous voyons que le législateur a voulu, non pas conserver, entre la réserve des enfants légitimes et celle des enfants naturels, le même rapport qu'entre leurs parts respectives dans la succession *ab intestat*, mais simplement accorder aux enfants naturels, en concours avec des enfants légitimes, des ascendants ou des collatéraux, une réserve qui fût le tiers, la moitié ou les trois quarts de ce qu'ils auraient eu, s'ils eussent été légitimes. Par conséquent, les mêmes arguments qui nous ont servi précédemment, contre M. Gros, nous servent encore ici.

Après ces deux systèmes, qui ne comptent pas beaucoup d'adhérents, je veux en citer un qui a eu plus de retentissement, parce qu'il a été soutenu par un jurisconsulte qui, à une haute et influente position sociale, joint un grand savoir et une facilité d'exposition remarquable. Je veux parler de M. Troplong.

Je prends, bien entendu, l'exemple qui m'a servi dans l'exposition des deux systèmes précédents.

---

(1) Gros, n°s 59 et suivants. Comparez Blondeau, *De la séparation du patrimoine*, p. 592.

Le docte Président de notre Cour suprême prétend
que la réserve de l'enfant naturel doit être prise sur la
masse de la succession, et voici le raisonnement par lequel M. Troplong arrive à ce résultat.

Le droit que la loi accorde à l'enfant naturel n'est pas
un droit héréditaire : ce n'est qu'une créance contre la
succession à une charge qu'elle a à supporter.

Or, l'article 922 nous dit qu'avant toute opération, il
faut déduire les dettes de la masse d'une succession, et
il résulte de l'article 1009 que le légataire universel doit
supporter, dans la réduction, une part proportionnelle à
celle qui lui revient dans la succession.

Donc, la réserve de l'enfant naturel doit être prélevée
sur la masse de la succession.

Le savant magistrat termine son exposition en faisant
ressortir les avantages de son système et la simplicité de
calcul qui lui est propre, ce qui n'est pas à dédaigner
dans la pratique.

Malgré l'habileté avec laquelle il est proposé et soutenu, je ne crois pas qu'il soit possible d'admettre le
système de M. Troplong, car les prémisses n'en sont pas
exactes.

Je ne veux pas entreprendre, de nouveau, la réfuta-
tion de cette opinion, qui prétend que le droit de l'enfant naturel est un droit de créance et non un droit
héréditaire ; mais il me semble que les raisons, que j'ai
données dans le premier chapitre de cette partie de mon
étude, doivent suffire, et qu'elles sont assez convain-
cantes pour renverser tout système qui voudrait s'étayer
sur ce que le droit de l'enfant naturel est un droit de
créance. Devant cette simple réflexion, le système de M. le
premier Président me paraît devoir tomber tout entier. Il

est néanmoins suivi par beaucoup d'auteurs (1) et des plus recommandables; seulement ils ne sont pas aussi radicaux que M. Troplong et s'arrêtent en route. L'éminent magistrat prétend que, quel que soit le nombre des enfants naturels et des enfants légitimes, la réserve des premiers doit toujours être prise sur la masse de la succession, en sorte qu'il peut arriver ce singulier et inacceptable résultat, que le légataire universel ait moins, parce qu'il y a des enfants naturels, qu'il n'aurait eu s'ils eussent tous été légitimes.

Je prends l'exemple de M. Troplong lui-même.

Soit : 48,000 fr. dans la succession ; le défunt laisse trois enfants légitimes, un naturel et un légataire universel. Il divise ainsi qu'il suit la succession : 3,000 fr. pour l'enfant naturel, 11,250 fr. pour chacun des trois enfants légitimes, et 11,250 fr. pour le légataire universel.

Tel est le résultat qu'il admet lui-même, et le légataire n'a, en définitive, que 11,250 fr. au lieu de 12,000 fr. qu'il aurait, si tous les enfants eussent été légitimes. En vérité, M. Troplong est trop logique et lèse trop ouvertement, par la rigueur de ses déductions, le légataire universel dans ses droits.

Au reste, on devine aisément le but de cette logique inexorable, et M. Troplong sent bien que, s'il faisait la concession que font les autres partisans de son opinion, ce serait la condamner sans retour, parce qu'elle tombe dans l'arbitraire. L'illustre Président a cru la sauver en

---

(1) Les principaux sont : Toullier, tome III, n° 265 ; Chabot, art. 756, n°s 23 à 28; Duranton, tome VI, n° 316; Marcadé, art. 916, n° 2; Demante, tome VI, n° 47 bis, IV et V; M. Troplong expose son système au tome II de son *Traité des donations et des testaments*, n°s 770-779.

la poussant jusqu'aux dernières conséquences ; mais il n'a
pas aperçu, qu'en agissant ainsi, il s'exposait à se voir
proposer le dilemme suivant, dilemme dont il lui est bien
difficile de se dégager à son avantage : Ou vous vous ar-
rêtez avec les autres auteurs, et alors vous tombez dans
l'arbitraire ; ou vous êtes logique jusqu'au bout, et alors
vous vous mettez en opposition directe avec le texte et
l'esprit de la loi.

On voit donc que les partisans de ce système, quel
que soit du reste le parti auquel ils s'arrêtent, ne font
que tomber d'une difficulté dans une autre ; et il me
paraît plus prudent d'éviter le double écueil que je viens
de signaler, en ne partageant pas cette opinion, malgré
toute la considération qu'elle puise dans l'autorité du
savant jurisconsulte qui en est le principal promoteur et
le plus ferme soutien.

Ainsi il m'est impossible d'admettre que notre Code
ait établi deux sortes de réserve. Il n'y en a qu'une seule,
et c'est toujours une portion héréditaire indisponible de
la succession *ab intestat*, et M. Demolombe a mille fois
raison en disant : « Dès là donc qu'un successeur, quel
» qu'il soit, a une réserve, on peut affirmer qu'il a bien
» et dûment une portion héréditaire !

» On peut voir d'ailleurs, dans le livre de M. Troplong,
» les embarras que lui suscite, en toute rencontre, cette
» théorie, qui considère l'enfant naturel comme un
» créancier. (Il cite ici les propres paroles de M. Troplong).

» *On peut dire que, à l'égard des créanciers, l'enfant*
» *naturel est presque un débiteur !*

» *Créancier* envers les uns ! *débiteur* envers les autres,
» reprend-il, mais, en vérité, de quel nom juridique
» serait-il possible de qualifier un droit pareil ? Non,

» l'enfant naturel n'est ni créancier ni débiteur ! il est
» *loco hœredis* ! il est successeur du défunt !»

Un système qui s'attire de pareils reproches, ne peut
pas être soutenu longtemps. Aussi, malgré la vogue dont
il a joui un temps, est-il abandonné maintenant par les
meilleurs esprits, et s'en tient-on généralement à celui
qui résulte naturellement de la combinaison des articles
757 et suivants, et de l'article 913 sainement interprétés.

Ce système, le voici : il suppose, d'abord, l'enfant naturel en concours avec des enfants légitimes. Si l'enfant
eût été légitime, sa réserve aurait été égale à celle de
chacun de ses frères, et il l'aurait prise tout à la fois sur
le disponible et la réserve, s'il n'eût eu que deux frères
légitimes, car sa présence aurait diminué à la fois et la
part de ceux-ci, et la quotité disponible ; ou bien sur la
réserve seulement, s'il en eût eu trois, car dès que le
nombre des enfants légitimes atteint ce chiffre, la réserve se compose invariablement des trois quarts de la
succession et la quotité disponible du reste. Mais, comme
il n'est que naturel, il n'a que le tiers de la réserve qu'il
aurait eue, s'il eût été légitime, et il ne nuira plus par
conséquent que dans cette proportion.

Rien n'est plus logique que cela, et l'enchaînement de
ce raisonnement avec ceux par lesquels j'ai établi,
d'après les articles 757 et 913 combinés, la réserve de
l'enfant naturel, saute aux yeux. C'est cette coordina-
tion simple et rigoureuse, cette communion intime avec
l'ordre d'idées que j'ai adopté jusque-là qui me l'ont
fait adopter sans hésitation (1).

_____

(1) Le système de M. Troplong se rencontre, un moment par hasard, avec celui que je viens d'exposer au texte. En effet, quand il n'y
a qu'un ou deux enfants légitimes, la réserve de l'enfant naturel se pre-

Il faut maintenant déduire les conséquences qui en découlent. Si l'enfant naturel est en concours avec des petits-enfants du défunt, venant de leur chef, par suite de la renonciation ou de l'indignité de leurs parents, sa réserve sera prise tout entière sur la leur, car s'il eût été légitime, sa présence n'aurait nui qu'à eux (1).

Même solution et pour les mêmes motifs dans le cas où l'enfant naturel se trouve en concours avec des ascendants du défunt. S'il n'existe d'ascendants que dans une seule ligne, la réserve de l'enfant naturel sera prise, moitié sur la quotité disponible, moitié sur la réserve afférente aux ascendants. Car, en ce cas, si l'enfant eût été légitime, sa présence aurait nui aux deux et sa réserve se serait prélevée sur l'une et l'autre.

Exemple : le défunt laisse 12,000 francs, son père, un enfant naturel et un légataire universel. Le père aurait eu une réserve du quart, c'est-à-dire 3,000 francs. Si l'enfant eût été légitime, il l'aurait exclu; mais comme il n'est que naturel, il ne lui enlève que la moitié de ce qu'il lui eût enlevé s'il eût été légitime, soit 1,500 francs. Maintenant, se trouvant en face du légataire universel, le fils naturel lui aurait tenu ce langage : Si j'étais légi-

---

nant à la fois sur la réserve des enfants légitimes et sur la quotité disponible, c'est comme si on la prélevait sur la masse. Mais cette rencontre fortuite est, je le répète, un pur hasard, et ne fait en rien préjuger de la bonté du système de M. Troplong, qui n'en continue pas moins à avoir un point de départ tout à fait faux et qui, du reste, s'écarte considérablement, quant au résultat, de celui adopté au texte, quand le nombre des enfants légitimes vient à dépasser deux. C'est donc avec raison que M. Besnard, dans un article de la *Revue de droit français et étranger* (1840, tome VI, p. 307), a pu dire que le procédé de M. Troplong était un procédé empirique qui ne dérive d'aucun principe et qui ne peut servir de base à aucune théorie.

(1) Vernet, p. 530.

time, je vous enlèverais la moitié de la succession, c'est-
à-dire 6,000 francs, mais, n'étant que naturel en présence
d'un ascendant, je ne puis vous enlever que la moitié
de cela, c'est-à-dire 3,000 francs. Ainsi la réserve de
l'enfant naturel est de 3,000 fr., celle du père du *de cujus*
de 1,500 fr., et le légataire universel reçoit le reste (1).

On me dit que le système que je soutiens réduit trop
la réserve des ascendants concourant avec un enfant naturel. Je ne nie pas qu'il n'y ait là un résultat vicieux,
et que, si la loi était à refaire, il ne faudrait pas le cor-
riger; mais il découle nécessairement du système que le
législateur a adopté et auquel il nous est défendu de rien
changer. Toutefois, malgré cela, la Cour d'Amiens (2) a
voulu prétendre que la réserve des ascendants et celle
des enfants naturels doit être calculée sur la masse, en
sorte que la dernière serait, de cette manière, exclusivement prise sur la quotité disponible. Mais n'est-ce pas
là du pur arbitraire? Sur quoi peut se baser la Cour
d'Amiens pour admettre cette solution, et dans cette
hypothèse seulement? Elle ne s'en rend pas un compte
bien exact elle-même ; aussi un sentiment instinctif de
logique lui fait faire un aveu qui est la condamnation de
son système.

« ..... Il résulte de là, dit l'arrêt, cette anomalie, que
» la quotité disponible se trouve réduite au-dessous du
» taux déterminé par l'existence d'héritiers à réserve... »

Nous sommes d'accord. En effet, il n'est pas soutenable que la quotité disponible, qui serait du tiers s'il y
avait deux enfants légitimes, ne soit que du quart quand

---

(1) Ce système a été soutenu par MM. Aubry et Rau, tome V, § 686,
p. 592-594, et par M. Vernet, p. 531 et suivantes.

(2) Arrêt du 23 mars 1854.

il y a un enfant naturel ou des ascendants : il est impossible de mieux se réfuter soi-même.

Arrivons maintenant à des complications plus grandes, et supposons que le défunt ait laissé plusieurs enfants naturels.

Soit toujours 12,000 fr. dans la succession; le défunt laisse trois enfants naturels, son père et sa mère, et un légataire universel.

Je calque mon raisonnement sur celui que j'ai fait quand il n'y avait qu'un enfant naturel : le père et la mère auraient eu une réserve de moitié, et si les trois enfants, eussent été légitimes, ils les auraient exclus; mais comme ils ne sont que naturels, ils ne peuvent leur enlever que la moitié de ce qu'ils leur eussent enlevé s'ils eussent été légitimes, soit 3,000 fr. Maintenant, se trouvant en face du légataire universel, les fils naturels lui auraient tenu ce langage : Si nous étions légitimes, nous vous enlèverions les trois quarts de la succession, c'est-à-dire 9,000 fr. ; mais, n'étant que naturels en présence d'ascendants du défunt, nous ne pouvons prendre que la moitié de cela, c'est-à-dire 4,500 fr.

Ainsi la réserve des trois enfants naturels est de 4,500 fr. qu'ils se partagent par tête, celle des père et mère du défunt de 3,000 fr., et le légataire universel prend le reste, c'est-à-dire 4,500 fr.

On peut voir que, par le même raisonnement et dans des termes identiques, j'arrive à une solution équitable et découlant directement des principes que j'ai posés au commencement de ce chapitre; à savoir que, pour le calcul de la réserve des enfants naturels, il faut toujours commencer par voir quelle réserve ils auraient eue s'ils eussent été légitimes; et, cette réserve une fois trouvée, les réduire selon les cas au tiers, à la moitié ou aux trois quarts de ce qu'ils auraient eu étant supposés légitimes (1).

Ce sont ces principes toujours présents à ma pensée qui m'ont guidé au milieu des écueils de la route et m'ont permis de mener à bien, je l'espère, une tâche si périlleuse et si difficile que Merlin a pu dire, de la doctrine de ceux mêmes qui ont pris le plus de part aux travaux préparatoires, qu'elle «présente la contradiction » la plus affligeante pour la raison et la plus embarras- » sante pour la justice (2). »

Je n'ai pas besoin de dire que les enfants ou descendants de l'enfant naturel ont droit, d'après les articles 759 et 913 combinés, à la même réserve que lui.

Il peut y avoir un cas où l'enfant naturel, légalement reconnu, n'a pas droit à une réserve : c'est celui où il a été reconnu dans l'hypothèse de l'article 337. En

---

(1) Je ferai remarquer ici que M. Demolombe, dont je suis pas à pas la doctrine, croit (tome II, *Des donations et des testaments*, p. 257) que MM. Aubry et Rau sont, sur le dernier point que je viens de traiter, en désaccord avec nous. J'ai lu fort attentivement la note 18 (du tome V, § 686, p. 595) de ces messieurs, et il ne m'a pas semblé qu'ils aient voulu adopter un autre système que le nôtre. En effet, jusqu'à présent, il n'y a eu, entre eux et nous, aucune divergence, même dans l'hypothèse où il n'existe d'ascendants que dans une seule ligne, et ils terminent par ces mots : « Le même mode d'imputation doit être suivi lorsqu'il existe plusieurs enfants naturels. » C'est bien dire, il me semble, qu'ils veulent suivre la même marche que précédemment. Dans la note, ils ne font que réfuter le système de M. Besnard, qui diffère de celui qui nous avons adopté, et qui repose, comme ils le disent fort bien, sur une donnée qui ne saurait être admise, même par simple hypothèse, à savoir sur la supposition que les ascendants pourraient avoir droit à une réserve, alors même que le défunt aurait laissé des enfants légitimes. Toutefois, j'avoue que, dans des matières si délicates, MM. Aubry et Rau auraient bien mieux fait en donnant à leur pensée un plus ample développement.

(2) *Question de droit*, v° *Réserve*, tome V, p. 493.

ce cas, l'enfant naturel n'a pas de droit héréditaire, et par conséquent il ne peut pas avoir de réserve.

J'adopte ici l'opinion de M. Vernet (1), qui me semble plus simple et plus conforme à la véritable intention du législateur, si tant est qu'il ait porté son attention sur ce point.

M. Demolombe distingue selon que le *de cujus* a laissé plus ou moins de trois enfants légitimes. Au premier cas, la quotité disponible étant invariablement fixée au quart, l'enfant naturel ne peut rien réclamer; mais il n'en est pas de même dans le second, car s'il est exclu par l'enfant légitime, il peut vis-à-vis du légataire universel réclamer sa réserve, car l'article 337 n'a été édicté qu'en faveur de la famille légitime.

Cette distinction est très-ingénieuse, sans doute, mais me paraît trop subtile. Elle ne renverse pas du tout d'ailleurs cet argument de M. Vernet : L'enfant naturel n'a pas de droit héréditaire, donc il ne peut pas avoir de réserve, puisque la réserve n'est qu'une portion indisponible de ce droit.

Et puis dans quelle bizarre situation ne sera pas placé l'enfant naturel ? M. Demolombe lui-même le reconnaît (2).

« Ce double résultat, dit-il, peut, il est vrai, paraître
» singulier. Que voyons-nous, en effet ?

» Dans le premier cas, un enfant naturel qui n'aurait
» aucun droit héréditaire, si son père n'avait pas fait de
» dispositions à titre gratuit et qui a une réserve, préci-
» sément parce que son père a fait des dispositions à titre

---

(1) Vernet, p. 516.
(2) Demolombe, tome II, *Des donations et des testaments*, p. 261.

» gratuit. Et dans le second cas, cet enfant naturel qui
» n'a rien, en présence d'un légataire auquel son père a
» pu laisser le quart de ses biens. »

Au reste, M. Demolombe ne me paraît pas tenir outre
mesure à son opinion, car il ajoute : « Nous ne voudrions
» pas affirmer d'ailleurs que l'attention du législateur se
» soit arrêtée à ces combinaisons ou plutôt à ces com-
» plications. »

§ 3. — LES ENFANTS ADULTÉRINS OU INCESTUEUX ONT-ILS
QUELQUES DROITS EN NOTRE MATIÈRE ?

Nous avons déterminé la nature de leurs droits, à propos des successions *ab intestat*; nous avons vu qu'ils
sont simplement créanciers, mais point du tout héritiers.
N'étant pas héritiers, ils ne peuvent prétendre à une
réserve, car la réserve, je l'ai déjà dit, n'est qu'une
portion indisponible de la succession *ab intestat*, à laquelle on ne peut avoir droit qu'autant qu'on est héritier, ou, tout au moins, successeur aux biens.

Les enfants incestueux ou adultérins n'ont donc,
quand ils sont en concours avec des étrangers, des légataires universels, qu'un simple droit de créance pour
obtenir des aliments.

D'où il suit qu'ils peuvent faire liquider cette créance,
avant que les légataires ne reçoivent leurs legs, car
d'après l'article 922, ce n'est que, toutes dettes payées,
que les légataires peuvent prétendre à quelque chose :
Non sunt bona intelligenda, nisi deducto œre alieno ;
mais par contre, ils ne peuvent, en aucune façon, demander la réduction ou le rapport des donations entre
vifs, articles 857 et 921, car le rapport n'est dû qu'aux
cohéritiers et ils ne le sont point, et la réduction ne peut

être demandée que par ceux au profit desquels la loi fait une réserve, et la loi, articles 762-764, n'en édicte aucune à leur profit.

Leur position est donc nettement déterminée : ils sont créanciers, et rien de plus.

CHAPITRE V.

Formalités imposées à l'enfant naturel succédant à ses père et mère.

J'ai étudié, jusqu'à présent, quels sont les droits qui compètent aux diverses classes d'enfants naturels ; il me reste maintenant à voir moyennant quelles conditions ils pourront les exercer.

Celles qui accompagnent les héritiers légitimes sont presque nulles. On le comprend ; la loi doit se montrer moins rigoureuse, moins défiante pour des personnes placées dans une situation qu'elle approuve, issues d'une union qu'elle légitime et qu'elle encourage, que pour celles qui ne prennent rang dans la société que contre son gré, pour ainsi dire.

Les formalités qu'auront à remplir les héritiers illégitimes seront donc plus longues et plus compliquées, car la loi se précautionne contre les surprises et les fraudes qui accompagnent toujours une filiation plus ou moins enveloppée de mystère et que fait naître l'appât du gain.

Nous étudierons successivement : 1° la position de l'enfant naturel avant l'envoi en possession ou délivrance ; 2° les formes de cet envoi en possession et de cette délivrance ; 3° la position de l'enfant naturel après qu'il a obtenu l'un ou l'autre ; 4° les obligations imposées à l'enfant par la loi fiscale.

§ 1. — POSITION DE L'ENFANT NATUREL AVANT L'ENVOI
EN POSSESSION OU LA DÉLIVRANCE.

Dans notre ancienne législation, la saisine apparte-
nait tout aussi bien à l'illégitime qu'au légitime héritier
du défunt (1) ; par conséquent notre Code a innové en
déclarant que l'enfant naturel n'est pas héritier de prime
abord et qu'il ne le devient que par son acceptation
qui se traduit par une demande d'envoi en possession
ou de délivrance.

Cette innovation est une mesure prudente et sage à
laquelle nous ne pouvons qu'applaudir et dont l'ancienne
pratique avait démontré la nécessité. Toutefois, avant
de rechercher quelles sont les formes et les conditions
de cet envoi en possession ou de cette délivrance, il me
faut examiner quelle est la position de l'enfant naturel
avant de l'avoir obtenu. La voici, résumée en quelques
mots : Il ne peut prendre possession d'aucun bien héréditaire et ne peut pas, s'il l'a fait, être un obstacle pour
un héritier légitime qui revient sur sa renonciation. Il ne
peut ni actionner les débiteurs, ni être actionné par les
créanciers de la succession. Enfin s'il reste dans l'inac-
tion pendant trente ans, son action, à fin d'envoi ou de
délivrance, se trouve prescrite conformément à l'article 2262.

Il acquiert bien, il est vrai, la propriété de la succession comme les héritiers légitimes, mais cette acquisi-
tion est en quelque sorte subordonnée à une espèce de

---

(1) Il faut voir sur ce point : Pothier, Introd. au titre XVII de la
Cout. d'Orléans, n° 35, et Traité des successions, ch. VI ; Lebrun, Traité
des successions, liv. III, ch. I, n°s 13 et 14; et Merlin, Répertoire, v° Héritier, section 1, § 2, n°s 2 et 3.

condition résolutoire, en ce que, pour l'avoir pleinement, il est obligé de demander l'envoi en possession
ou la délivrance, et s'il néglige pendant trente ans
d'exercer son action, il perd cette propriété et ne peut
plus rien en transmettre à ses descendants, une fois ce
laps de temps écoulé.

§ 2. — FORMES DE L'ENVOI EN POSSESSION ET DE
LA DÉLIVRANCE.

I. *Formes de l'envoi en possession.* — Ces formes ont
pour but de constater d'abord la qualité de celui qui se
prétend enfant naturel, et comme tel apte à succéder,
dans une certaine mesure, au défunt ; d'avertir les successeurs préférables ou égaux à lui et qui pourraient
ignorer l'ouverture de la succession ; enfin, d'assurer la
conservation des biens qui la composent, placés provisoirement entre les mains de l'enfant naturel, de manière
à les rendre intacts à ceux des successeurs, égaux en droit
ou préférables à lui, qui seraient dans cette ignorance.

Les premières formalités qu'on ait à remplir sont,
ainsi que nous l'indique l'article 769, l'apposition des
scellés et l'inventaire des biens qui composent la succession. Toutefois on admet généralement que la demande
d'envoi en possession pourrait les précéder, pourvu que
l'envoi lui-même ne soit pas accordé avant qu'elles ne
soient remplies.

Vient ensuite cette demande, qui doit, ainsi que nous
le voyons dans l'article 770, être adressée au tribunal de
première instance, dans le ressort duquel la succession
s'est ouverte. Cette demande, d'après une pratique constante, se forme par voie de requête.

Pour être admis à l'envoi en possession, l'enfant na-

turel doit prouver d'abord sa qualité de fils naturel reconnu du défunt; il devra donc rapporter, soit l'acte
volontaire, soit l'acte judiciaire qui constate la reconnaissance; il doit ensuite prouver, par un acte de notoriété, qu'il ne se présente aucun successible préférable
à lui pour réclamer la succession. S'il se présentait un héritier légitime, l'enfant naturel se trouverait
dans une position identique à celle du légataire universel
en face d'un héritier à réserve, et l'article 1004 lui serait
applicable; il devrait donc adresser à l'héritier légitime
une demande en délivrance qui, du reste, aurait les
mêmes effets que l'envoi en possession.

Le tribunal, après avoir entendu le ministère public,
qui est en ce cas le contradicteur naturel de l'enfant,
peut rejeter, *de plano*, la demande ou y donner suite.
En ce cas, l'article 770 lui enjoint de ne statuer définitivement qu'après trois publications et affiches : précau-
tion excellente et dont on comprend aisément la portée.

J'ai dit à dessein que l'enfant doit prouver par un acte
de notoriété qu'il ne se *présente aucun successible*, etc.,
car la preuve qu'il *n'existe aucun successible* serait, sinon
impossible, au moins d'une difficulté telle, qu'elle équi-
vaudrait presque à une impossibilité.

Toutefois quelques auteurs, et Toullier notamment (1),
n'ont pas reculé devant cela, et ont prétendu que, pour
que le tribunal pût prononcer l'envoi, l'enfant devait
faire cette preuve.

Tout demandeur, disent-ils, doit prouver le bien fondé
de sa prétention, et l'article 758 dit que l'enfant naturel
n'a droit à la totalité des biens que *lorsque ses père ou*

---

(1) Toullier, tome II, n°ˢ 291 à 294.

mère ne laissent pas de parents au degré successible.
Donc il doit prouver que ses père ou mère n'en laissent
pas.

Cette doctrine est repoussée par la grande majorité
des auteurs, et avec raison ; car, malgré l'argument de
texte qu'on tire de l'article 758 et de l'article 767, on ne
peut pas raisonnablement supposer que le législateur ait
voulu imposer à l'enfant une preuve impossible. Au reste,
Toullier lui-même condamne sa doctrine, quand il reconnaît que la preuve qu'il met à la charge de l'enfant
ne saurait être *rigoureuse, et que c'est à la prudence des
juges de l'apprécier* (1).

Supposons un moment qu'il résulte d'un acte de notoriété qu'il ne s'est présenté aucun héritier légitime,
mais que cependant le ministère public ait su, par
d'autres moyens, qu'il en existait un : le tribunal devra-
t-il accorder ou non l'envoi en possession, malgré l'existence de cet héritier légitime qui ne s'est pas présenté, il
est vrai?

Oui, disent les uns : il le devra, car l'absence ou l'inac-
tion des héritiers, appelés en première ligne, doit, en
matière de succession, être assimilée à leur non existence,
en ce sens que les personnes, auxquelles l'hérédité serait
dévolue en seconde ligne, peuvent provisoirement prendre
leur place (2).

Non, disent les autres ; car le demandeur à l'envoi en
possession ne peut se présenter qu'autant qu'il est appelé

---

(1) Duranton, tome VI, 352 ; Demante, tome III, n° 89 bis, IV ; Chabot, art. 773, n° 3 ; Demolombe, tome II, *Des successions*, p. 289-291 ;
Aubry et Rau, tome V, § 639, p. 375, et arrêt de la cour de Paris, du 26
mars 1835.

(2) Aubry et Rau, tome V, § 639, p. 376.

par la loi, or il n'y est plus appelé par elle dès qu'il existe un autre héritier qu'elle lui préfère.

. Je crois, avec M. Demolombe, que la vérité se trouve au milieu de ces deux opinions, et je dis : Oui, s'il n'existe qu'un successeur irrégulier, Non : si c'est un héritier légitime. En effet, que nous dit l'article 811 : que la succession est vacante lorsqu'il ne se présente *personne* et qu'il n'y a pas *d'héritier connu*, ou que les héritiers connus y ont renoncé. Or, de deux choses l'une : ou il y a un héritier connu, et cela suffit pour que l'envoi ne soit pas accordé, ou il n'existe que des successeurs irréguliers, et alors, il doit être accordé, car le fils naturel reconnu passe le premier de tous ou a, tout au moins, des droits égaux à ceux des autres (1).

Ce résultat, est logique, car on ne peut pas dire que la succession soit vacante, puisque le fils naturel la réclame, et l'article 811 se trouve de cette façon beaucoup mieux expliqué que dans les deux autres systèmes , qui, pour l'interpréter, sont forcés de faire, chacun, abstraction d'un membre de phrase ; le premier de ces mots : *ou que les héritiers connus y aient renoncé*, le second de ceux-ci : *qu'il n'y a pas d'héritier connu.*

Cette distinction est en outre conforme aux principes. En effet, l'héritier légitime est saisi, sans qu'il ait besoin de se présenter pour réclamer la succession : sa seule existence fait donc obstacle au droit de l'enfant naturel. Le successeur irrégulier a bien, il est vrai, la propriété de la succession dès le jour de l'ouverture, mais cette propriété est subordonnée à la condition qu'il se présentera. Par conséquent, on comprend que son exis-

---

(1) Duranton, tome VI, n° 352 ; Demante, tome III, n° 89 bis, IV.

tence ne fasse pas obstacle à l'enfant naturel et que le tribunal puisse, malgré elle, lui accorder l'envoi en possession qu'il demande. Cet envoi, on le conçoit, doit être et ne peut être que définitif (1).

Enfin les articles 771 et 773, combinés prescrivent à l'enfant naturel qui a obtenu l'envoi en possession, deux formalités entre lesquelles il peut choisir. Il doit, ou faire emploi du mobilier, ou donner caution suffisante pour en assurer la restitution.

S'il prend le premier parti, il devra suivre par analogie les règles que suit, pour la vente des meubles, soit l'héritiaire bénéficiaire, soit le curateur à la succession vacante.

Quant au placement des valeurs mobilières, la loi semble s'en rapporter à l'appréciation du tribunal, qui ordonnera à ce sujet les mesures qu'il jugera convenables.

On comprend, qu'en principe, la caution que devra fournir l'enfant naturel, ne soit pas si forte que celle qu'auront à fournir les autres successeurs irréguliers, car il doit garder définitivement une portion des biens. C'est Marcadé qui a fait cette remarque, et elle est très-juste en théorie, mais d'une application très-délicate dans la pratique, car la portion qu'aura à garder l'enfant est incertaine et subordonnée entièrement au nombre et à la qualité des héritiers qui peuvent se présenter dans les trois ans.

La caution n'est pas fournie ici pour les créanciers, lesquels, du reste, n'ont à exiger aucune restitution de mobilier. C'est à eux de prendre les mesures qu'ils croi-

---

(1) Demolombe, tome II, *Des successions*, p. 293-296.

ront convenables pour la sauvegarde de leurs droits, et cela, comme s'il s'agissait d'une succession ordinaire. Mais est-elle fournie pour les successeurs irréguliers ? Plusieurs auteurs ont pensé que non, entre autres MM. Aubry et Rau (1) ; mais je crois que la caution doit toujours être fournie, quelle que soit la qualité de celui qui se présente comme héritier. En effet, ce mot, employé par les articles 771 et 772, a une acception très-large qui comprend tous les successeurs tant réguliers qu'irréguliers. En outre, on ne voit pas pourquoi la loi aurait prescrit cette formalité au profit de quelques-uns seulement des héritiers, car elle peut être utile tout aussi bien aux uns qu'aux autres (2).

La caution ne répond que des meubles ; quant aux immeubles, l'enfant naturel est présumé les avoir reçus en bon état, et ce serait à lui de faire la preuve du contraire.

L'obligation de la caution dure trois ans, et après ce délai, l'enfant peut faire du mobilier ce que bon lui semblera ; tant pis pour le successible négligent, il ne recueillera de ce mobilier que ce qui en restera au moment où il réclamera une portion de la succession.

Le point de départ du délai sera le jour où le tribunal aura accordé l'envoi en possession (3), et elle sera déchargée, au bout de trois ans, sans jugement et de plein droit, tant pour le passé que pour l'avenir.

---

(1) Tome V, § 639, p. 378, note 6.

(2) Duranton, tome VI, nos 354 et 357 ; Demante, tome III, nos 89 et 90 bis, ı ; Demolombe, tome II, *Des successions*, p. 301 et 302.

(3) Voir en sens contraire : Aubry et Rau, tome V, § 639, p. 379. En mon sens : Demolombe, tome II, *Des successions*, p. 304 ; Duranton, tome VI, n° 356 ; Marcadé, art. 771.

II. *Formes de la délivrance.* — Ces formes qui sont beaucoup plus simples n'exigent pas l'intervention de la justice, et, cela se comprend, car l'héritier légitime qui se présente saura bien sauvegarder son droit tout seul, et les formalités précédentes, qui avaient pour but de le protéger pendant son absence, sont inutiles.

La position de l'enfant naturel, vis-à-vis de lui, se trouve être tout à fait semblable à celle du légataire universel, qui se trouve en concours avec un héritier à réserve. Il devra, comme lui, demander amiablement à cet héritier la délivrance des biens que la loi lui accorde. C'est un juste hommage que la loi rend à la famille légitime et aux saintes institutions du mariage.

Toutefois, il ne faudrait pas croire que l'enfant naturel n'acquiert pas, à l'instant même de l'ouverture de la succession, la propriété des biens auxquels il a droit ; ce serait une erreur, et j'ai établi, dans mon premier paragraphe, qu'il est positivement propriétaire de sa part tout aussi bien que l'héritier légitime ; seulement il est propriétaire, si je puis m'exprimer ainsi, sous condition résolutoire. En effet, s'il laisse passer trente ans sans former sa demande en délivrance auprès de l'héritier légitime, son droit de propriété se trouvera résolu.

Ceci est une première différence avec l'héritier légitime, qui s'efface, il est vrai, ainsi que nous le verrons tout à l'heure, une fois qu'il a obtenu l'envoi en possession ou la délivrance.

Une seconde, qui subsiste, malgré l'accomplissement de cette formalité, consiste en ce que l'héritier légitime représente le défunt, tandis qu'il n'en est pas de même de l'enfant naturel.

§ 3. — POSITION DE L'ENFANT NATUREL APRÈS L'ENVOI EN POSSESSION OU LA DÉLIVRANCE.

L'enfant naturel a accompli les formalités que nous venons d'étudier : il est héritier et il l'est tout aussi bien que l'héritier légitime. Ses droits, qui étaient subordonnés à leur accomplissement, deviennent fixes et stables, et la seule différence qui existe entre lui et un héritier ordinaire, est que ce dernier est saisi légalement, tandis que lui l'est amiablement ou judiciairement.

Par conséquent, son droit de propriété sur les biens héréditaires se trouve pleinement consolidé : il peut exercer les actions de l'hérédité contre les débiteurs, et les créanciers du défunt peuvent le poursuivre *intra vires successionis*, sans qu'il ait besoin pour cela de faire inventaire. Il a droit aux fruits, à partir de l'ouverture de la succession; par suite de l'application de la règle : *fructus augent hœreditatem*. Enfin, il a les mêmes droits qu'un héritier légitime, à repousser, soit d'autres cohéritiers qui, après un laps de trente ans, viendraient réclamer la succession ou reviendraient sur leur renonciation, soit des étrangers qui prétendraient avoir des droits sur elle.

Il peut arriver qu'un héritier légitime se présente après que l'enfant naturel a été envoyé en possession selon les formes voulues par la loi, et alors se produisent naturellement trois questions que je vais résoudre aussi brièvement que possible. Ces questions sont les suivantes :

1° Le successeur irrégulier fait-il les fruits siens, ou bien est-il tenu de les restituer ?

2° Doit-il une indemnité à raison des détériorations

et des dommages qu'il aurait pu causer aux biens héréditaires ?

3° Enfin, les actes qu'il a passés avec les tiers doivent-
ils être maintenus ?

A la première question, je réponds sans hésiter que
l'enfant naturel gardera tous les fruits sans distinction,
car il est propriétaire, et tout propriétaire a droit aux
fruits. Il n'y a point dans notre matière d'envoi provisoire, l'envoi est définitif, et après l'envoi définitif les
envoyés peuvent réclamer la totalité des fruits, article 127.

Comment supposer que l'enfant naturel, rendu possesseur par l'envoi en possession, soit moins bien traité
qu'un envoyé définitif ordinaire ? Une preuve qu'il doit
garder les fruits, c'est que la caution n'est point tenue
de leur restitution. Au reste, l'article 138 consacre notre
opinion dans une circonstance tout à fait analogue (1).

Il va sans dire que, dans l'hypothèse, j'ai supposé
l'enfant naturel de bonne foi; autrement il serait forcé
à faire toutes les restitutions qui sont exigées d'un possesseur de mauvaise foi, quand même il aurait accompli
toutes les formalités de l'envoi.

Quant à la seconde question, je la résoudrai par une
distinction, et je dirai : Oui, il doit une indemnité pour
les fautes et les dégâts qu'il a commis dans les trois ans,
parce que, pendant ce laps de temps, il savait qu'il pouvait être tenu de rendre ; Non, après ce laps de temps,
car alors la caution est déchargée, personne ne s'est

---

(1) M. Demante fait une distinction entre les fruits perçus dans les
trois ans, depuis l'envoi et les autres, tome III, n° 89 bis, VII. Voir en
mon sens : Delvincourt, tome II, p. 13 ; Chabot, art. 773, n° 6 ; Aubry
et Rau, tome V, § 639, p. 384, note 26 ; Cassation, 2 février 1844 ;
Paris, 13 avril 1848 ; Paris, 17 janvier 1851 ; Paris, 30 avril 1859.

présenté, et il a pu se croire légitime propriétaire et définitif. Ce qui me porte à admettre une distinction, c'est l'existence de la caution pour la restitution du mobilier. Comment comprendre que le législateur rende responsable pendant trois ans l'enfant naturel des dégâts qu'il commet sur le mobilier, tandis qu'il ne le rendrait pas responsable de ceux qu'il commet sur les immeubles, auxquels il attache beaucoup plus d'importance ? Ce serait incompréhensible !

La troisième question n'offre pas de difficultés en ce qui concerne les actes d'administration, et le bon sens indique qu'ils doivent être maintenus ; il en est de même aussi des aliénations de meubles, auxquelles s'applique la maxime : *En fait de meubles, possession vaut titre;* articles 1141 et 2279.

Mais la réponse est beaucoup plus difficile à donner quand il s'agit d'actes à titre onéreux, ayant pour objet des immeubles. Je crois, pour mon compte, qu'il faut encore distinguer ici, comme je l'ai fait pour la seconde question, et dire que les aliénations d'immeubles à titre onéreux, faites dans les trois ans, seront annulées, à moins que, par l'effet du partage déclaratif, l'immeuble vendu ne tombe au lot de l'enfant naturel ; tandis que, faites après ce laps de temps, elles devront être maintenues. Le raisonnement que j'ai fait pour justifier cette distinction, en répondant à la seconde question, s'applique tout entier ici, et *à fortiori*, car l'aliénation est bien plus qu'un dégât, qu'une perte partielle d'un immeuble.

Quant aux tiers acquéreurs, on ne peut pas dire qu'ils seront lésés dans leurs droits, car les formalités de l'envoi en possession offrent assez de publicité, pour qu'ils connaissent la position de l'enfant naturel.

Après le laps de trois ans, c'est différent ; l'enfant rentre dans le droit commun, il est ce que la loi le fait, plein propriétaire, et sa situation est analogue à celle de l'envoyé en possession définitif, article 132.

Les tiers, au reste, après un temps souvent très-long, peuvent parfaitement ignorer la position de l'enfant naturel, car le retentissement qu'ont eu les démarches de l'envoi va en s'affaiblissant d'année en année, et ce serait les léser que de les forcer à restituer des immeubles qu'ils ont acquis de leurs deniers, en leur accordant, pour fiche de consolation, un recours souvent illusoire contre l'enfant naturel (1).

Il pourrait arriver que l'enfant naturel n'eût pas rempli les formalités de l'envoi en possession. En ce cas, les articles 772 et 773 combinés le condamnent aux dommages-intérêts envers les héritiers qui pourraient, par la suite, se présenter. Cette sanction n'est, du reste, que l'application du principe écrit dans l'article 1382.

L'enfant devra être condamné ; mais ce sera au tribunal à examiner si réellement l'omission de quelqu'une des formalités prescrites a causé un dommage et quelle en est l'étendue.

Si l'enfant a pris possession des biens sans apposer les scellés ni faire inventaire, l'héritier qui l'évince pourra prouver, même par commune renommée, la consistance du mobilier (articles 1415, 1442, 1504), et demander

---

(1) En ce sens : Demolombe, tome II, *Des successions*, p. 320-322 ; Demante, tome III, n° 89 bis, vi ; Delvincourt, tome II, p. 23, note 3. En sens contraire : Toullier, tome II, n°s 277, 278 et 301 ; Duranton, tome VI, n° 358 ; Chabot, art. 773, n° 5 ; Aubry et Rau, tome V, § 639, p. 387.

des dommages-intérêts pour tous les biens qui ne se re-
trouvent pas et dont l'existence a été constatée.

La caution étant employée pour fournir à l'héritier
qui se présente des facilités de remboursement et de
restitution des valeurs mobilières, si l'enfant naturel a
négligé d'en faire nommer une, l'héritier aura le droit
de réclamer des dommages-intérêts, s'il éprouve quelque
retard dans le remboursement ou la restitution.

Enfin il pourra, et à plus forte raison, en obtenir,
l'enfant s'est mis en possession, purement et simplement,
sans aucune espèce de formalités, car il peut résulter
pour lui un grave préjudice de l'ignorance où il aura
été de l'ouverture de la succession.

Quelques auteurs ont prétendu que l'enfant naturel
devait, en ce cas, toujours rendre les fruits, parce qu'il
est possesseur de mauvaise foi (1). Je crois cette propo-
sition inexacte. En effet, qu'est-ce qui constitue un possesseur en état de mauvaise foi ? C'est l'absence de titre,
et la conscience de n'avoir aucun droit de propriété sur
la chose qu'on détient. Or, ce n'est point le cas de l'enfant naturel ; son titre, il le trouve dans la loi qui l'appelle à la succession, et il peut fort bien avoir la conscience d'être propriétaire, parce qu'il croit de bonne foi
qu'il n'existe aucun héritier. Donc, en ce cas, il sera
possesseur de bonne foi et ne sera point tenu à la restitution des fruits. Toutefois, il faut avouer que l'omission des formalités de l'envoi constituera une forte présomption contre lui. Ce sera donc à lui à prouver la
loyauté de ses intentions. Les articles 772 et 773 n'ont

_____

(1) Delvincourt, tome II, p. 23, note 3 ; Toullier, tome II, n° 303 ;
Chabot, art. 772, n° 3 ; Marcadé, art. 772.

pas trait à la question de bonne ou mauvaise foi, mais à celle de la faute et du préjudice causé ; on ne peut donc en argumenter en faveur de l'opinion opposée

Ainsi, d'après ma manière de voir, l'enfant devra restituer les fruits perçus par lui, quand il aura su qu'il y avait un héritier apparent, et que, malgré cela, il aura négligé de remplir les formalités voulues. Car alors il a causé, par sa faute, un préjudice à l'héritier qu'il a laissé dans l'ignorance, et il doit le réparer. Il pourra garder les fruits, quand il aura simplement omis de fournir caution et de faire inventaire, car ce n'est pas l'absence de ces formalités qui a pu empêcher l'héritier de venir plus tôt réclamer sa part de succession et en percevoir les fruits (1). Quant aux dégâts commis sur les biens héréditaires, si l'enfant naturel est de mauvaise foi, il sera condamné à les réparer comme possesseur de mauvaise foi ; sinon, il sera tenu de simples dommages-intérêts, selon l'article 1382.

Quant aux aliénations à titre onéreux, le raisonnement est simple : *Nemo plus juris transferre potest, quam ipse habet*, articles 2125 et 2185. Or l'enfant naturel n'avait aucun droit sur les biens qu'il a ainsi aliénés. Donc.

Ce raisonnement est d'autant plus solide que les tiers ne peuvent pas alléguer ici leur bonne foi ; car s'ils n'ont pas été négligents, ils ont dû connaître la qualité de celui avec lequel ils traitaient. Au bout de trente ans, l'enfant naturel, qui est de bonne foi, aura prescrit con-

---

(1) En ce sens : Aubry et Rau, tome V, § 639, p. 384, note 27 ; Demolombe, tome II, *Des successions*, p. 326-329 ; Demante, tome III, n° 90 bis, II, et un arrêt de Cassation du 7 juin 1837.

tre toute action que pourrait intenter un héritier, car il a eu juste titre et bonne foi, article 2262.

S'il n'y a pas eu d'envoi en possession, le délai de la prescription ne courra que du jour où il s'est mis en possession de l'hérédité. En ce cas, l'enfant naturel est un simple possesseur qui prescrit, comme tout possesseur prescrirait.

Par conséquent, il ne pourrait pas repousser l'héritier qui reviendrait sur sa renonciation avant trente ans, ni l'Etat qui, avant le même laps de temps, se serait fait envoyer en possession, ni les créanciers, dont le patrimoine du défunt est le gage et qui réclameraient aussi, avant le même délai, le montant de leurs créances, car l'enfant naturel ne peut pas se faire un titre contre tous ces gens-là de l'inaccomplissement des formalités.

§ 4. — OBLIGATIONS IMPOSÉES A L'ENFANT NATUREL PAR LA LOI FISCALE.

Enfin, et pour terminer, il faut mentionner quelles sont les obligations que la loi fiscale impose à l'enfant naturel qui vient à la succession de ses père et mère.

S'il demeure en France, il est tenu, dans les six mois de l'ouverture, d'aller en faire la déclaration au bureau de l'enregistrement. A l'appui de cette déclaration qu'il doit écrire et signer sur le registre, par lui-même ou par un mandataire, il doit rapporter un inventaire estimatif des biens meubles, article par article, et par lui certifié, s'il n'a pas été fait par un officier public (1). Quant au détail des biens immeubles, la loi n'exige aucune désigna-

---

(1) Art. 27 de la loi du 22 frimaire an VII.

tion autre que la situation et le revenu (1). Cette déclaration sert de base à l'impôt qui est liquidé, pour les
meubles, sur la valeur résultant de la déclaration esti-
mative des parties, sans distraction des charges (2), et
pour les immeubles aussi, sans distraction des charges,
sur un capital égal à vingt fois le revenu déclaré (3). La
quotité du droit varie selon que l'enfant naturel vient,
ou non, en commun avec des parents. Dans le premier
cas, elle est de un pour cent, comme les droits exigés
des héritiers en ligne directe (4). Dans le second, l'article 53 de la loi du 28 avril 1816 enseigne qu'il faut le
considérer, quant à la quotité des droits, comme une
personne non parente, et les personnes non parentes
sont soumises à un droit de neuf pour cent (5). Il est
généralement admis, cependant, que, comme l'enfant
naturel ne succède réellement qu'à un quart de la succession, à défaut de parents, puisque, même en leur présence il aurait les trois quarts, il faut restreindre à ce
dernier quart l'application de la loi de 1816 (6).

A la quotité des droits que nous avons indiquée ci-
dessus, il faut joindre les deux décimes de guerre, dont
le principe se trouve dans la loi du 6 prairial an VII.

---

(1) Champ. et Rig., *Droits d'enregistrement*, n° 3310.
(2) Art. 14 de la loi précitée.
(3) Art. 15, *id.*
(4) Art. 69, *id.*, et loi du 18 mai 1850.
(5) Loi du 21 avril 1832.
(6) Masson de Longpré, *Code de l'enregistrement*, Champ. et Rig.,
loc. cit., *Dictionnaire d'enregistrement*, v° *Succession*, n° 180.

POSITIONS.

DROIT ROMAIN.

I. La volonté où sont deux personnes, de se prendre pour mari et femme, ne suffit pas pour qu'il y ait mariage entre elles ; il faut de plus que le mari ait la possibilité de cohabiter avec sa femme quand bon lui semblera.

II. Les enfants issus du concubinat ont toujours pu, en droit romain, réclamer des aliments de leur père.

III. La contradiction qui semble exister entre le § 5 du titre *De nuptiis*, des Sentences de Paul (ii, xix), combiné avec le § 14 du titre *De adulteriis* (ii, xxvi), et le § 15 de ce dernier titre, n'est qu'apparente, et les deux textes peuvent se concilier.

IV. L'affranchie concubine ne peut pas quitter son patron malgré lui, notamment en cas de folie.

V. La règle *pater is est quem nuptiæ demonstrant* s'applique en matière de concubinat comme en matière de mariage.

VI. La dernière phrase du § 13 *De nuptiis*, aux *Institutes* de Justinien, doit être lue selon la version qu'en donnent tous les manuscrits.

VII. En matière de question d'état, il y a toujours un contradicteur légitime.

DROIT FRANÇAIS.

I. La reconnaissance forcée assure aux enfants naturels les mêmes droits que la reconnaissance volontaire.

II. La possession d'état ne fait pas preuve de la filiation naturelle.

III. La réduction, qu'autorise l'article 761 du Code Napoléon, n'est possible que si l'enfant naturel y a consenti.

IV. Pour que l'enfant naturel n'ait droit qu'au tiers de ce qu'il aurait eu s'il eût été légitime, il faut qu'il soit en présence d'enfants légitimes acceptants.

V. La présence d'un frère du défunt suffit pour réduire l'enfant naturel au quart de la succession, quand même un legs universel aurait été fait à un étranger.

VI. L'interprétation que la jurisprudence donne de l'article 757, pour le cas où il y a plusieurs enfants naturels en concours avec des enfants légitimes, est celle qui est le plus conforme à l'intention du législateur.

VII. En présence des enfants des frères et sœurs du défunt, les enfants naturels ont toujours droit à la moitié de ce qu'ils auraient eu s'ils eussent été légitimes, que les premiers arrivent de leur chef ou par représentation.

VIII. L'enfant naturel, en concours avec un ascendant dans une ligne et un collatéral dans l'autre, ne prend que la moitié de ce qu'il aurait eu s'il eût été légitime.

IX. L'imputation ne diffère pas du rapport, dans son mode de procéder et dans ses résultats.

X. Les enfants naturels peuvent, pour parfaire leur réserve, faire réduire toutes les donations, sans distinction.

XI. Quand l'enfant naturel est reconnu, dans l'hypothèse de l'article 337, il n'a droit à aucune réserve.

XII. Les aliénations d'immeubles , faites dans les trois ans qui suivent l'envoi en possession de l'enfant naturel, doivent être déclarées nulles ou valables, selon l'effet du partage qui aura lieu entre lui et l'héritier légitime, s'il s'en présente un.'

DROIT DES GENS.

I. Un Etat qui laisse construire des bâtiments et fabriquer des engins de guerre pour le compte de l'un des belligérants, ne viole pas la neutralité.

II. Les bâtiments de commerce étrangers, stationnant dans un port français, sont soumis à la juridiction territoriale pour les délits commis entre étrangers ou entre gens de l'équipage, quand ces délits ne rentrent pas exclusivement dans la discipline du bord.

DROIT PÉNAL.

1. La récidive de délit à crime n'est pas une cause d'aggravation de la peine, lorsqu'à raison des circonstances atténuantes, le crime n'est puni que de peines correctionnelles.

II. Lorsqu'il résulte directement ou indirectement du verdict du jury que le prévenu acquitté n'est pas l'auteur du crime dont on l'a accusé, la Cour d'assises ne peut pas le condamner à des dommages-intérêts envers celui qui s'est porté partie civile.

HISTOIRE DU DROIT.

I. A l'époque féodale, les seigneurs recueillirent la succession des bâtards par droit de main morte et non par droit de déshérence, comme le faisaient les rois à l'époque franque.

II. Le droit de masculinité a toujours été admis chez les peuples germains, même dès les temps les plus reculés.

Vu par le président de la thèse,

A. DUVERGER.

Vu par le doyen,

C. A. PELLAT.

Vu et permis d'imprimer :

Le vice-recteur de l'Académie de Paris,

A. MOURIER.

TABLE DES MATIÈRES.

www.ingramcontent.com/pod-product-compliance
Lightning Source LLC
Chambersburg PA
CBHW060346200326
41519CB00011BA/2047